中国制造 2025 系列丛书

工业强基

国家制造强国建设战略咨询委员会
中国工程院战略咨询中心 编著

電子工業出版社
Publishing House of Electronics Industry
北京 • BEIJING

内 容 简 介

本书是围绕经济社会发展和国家安全重大需求，由中国工程院会同工业和信息化部、国家质量监督检验检疫总局联合组织开展的“制造强国战略研究”重大战略咨询研究项目的成果之一。

本书强调我国从实现制造大国向制造强国转变，亟需强化工业基础能力。本书有针对性地论述了核心基础零部件和元器件、关键基础材料、先进基础工艺、质量技术基础、工业技术创新体系的发展现状和存在的问题、发展趋势，进而提出了发展重点、发展路径和保障措施，为我国加强工业基础、建设世界制造业强国提出了战略和对策。

本书可为政府部门、制造业企业和研究机构提供参考，也可供高等院校相关专业师生及其他对制造业感兴趣的读者阅读。

图书在版编目（CIP）数据

工业强基 / 国家制造强国建设战略咨询委员会，中国工程院战略咨询中心编著. —北京：电子工业出版社，2016.5
（中国制造 2025 系列丛书）
ISBN 978-7-121-28158-7

Ⅰ. ①工… Ⅱ. ①国… ②中… Ⅲ. ①工业发展—研究—中国 Ⅳ. ①F424

中国版本图书馆 CIP 数据核字（2016）第 029040 号

责任编辑：许存权
印　　刷：北京七彩京通数码快印有限公司
装　　订：北京七彩京通数码快印有限公司
出版发行：电子工业出版社
　　　　　北京市海淀区万寿路 173 信箱　邮编　100036
开　　本：720×1000　1/16　印张：13　字数：312 千字
版　　次：2016 年 5 月第 1 版
印　　次：2023 年 9 月第 2 次印刷
定　　价：98.00 元

凡所购买电子工业出版社图书有缺损问题，请向购买书店调换。若书店售缺，请与本社发行部联系，联系及邮购电话：（010）88254888，88258888。

质量投诉请发邮件至 zlts@phei.com.cn，盗版侵权举报请发邮件至 dbqq@phei.com.cn。

本书咨询联系方式：（010）88254484，xucq@phei.com.cn。

落实《中国制造2025》加快建设制造强国

——在国家行政学院“中国制造2025”专题研讨班上的讲话

（代 序）

马 凯

制造业是国民经济的主体，是立国之本、兴国之器、强国之基。党中央、国务院历来高度重视制造业发展。习近平总书记强调，“工业化很重要，我们这么一个大国要强大，要靠实体经济，不能泡沫化”，“要推动中国制造向中国创造转变、中国速度向中国质量转变、中国产品向中国品牌转变”。李克强总理指出，“制造业发展与就业民生密切相关，根本出路在于加快创新升级，强化质量品牌建设，打牢实体经济根基”。为推动中国制造由大变强，党中央、国务院着眼全球视野和战略布局，立足我国国情和发展阶段，做出了实施《中国制造2025》的战略决策，这是未来10年引领制造强国建设的行动指南，也是未来30年实现制造强国梦想的纲领性文件。

实施《中国制造2025》，加快建设制造强国，要全面贯彻党的十八大和十八届三中、四中全会精神，坚持市场主导、政府引导，立足当前、着眼长远，整体推进、重点突破，自主发展、开放合作，坚持创新驱动、智能转型、强化基础、绿色发展、人才为本，坚持把装备升级作为重中之重，积极推动信息技术与制造技术深度融合，大力提升国家制造创新能力，夯实工业四大基础，提高数字化、网络化、智能化制造水平，促进产业转型升级，努力满足经济社会发展和国防建设需求，加快实现制造业由大变强的历史跨越。

组织实施《中国制造 2025》，是一项庞大的系统工程，涉及方方面面、关系全国上下，需要中央、地方、企业、科研院所、大专院校、金融机构等有关方面广泛参与、共同努力。当前和今后一个时期，我们要全面动员社会各方力量、充分汇集社会各方资源，千方百计、扎扎实实地把《中国制造 2025》组织实施好，加快把战略规划转变为年度计划，把年度计划落实到实际行动，把实际行动转化成实实在在的发展成效。

第一，企业要承担起制造强国建设的主体责任。企业是战略规划的实施主体，在制造强国建设中肩负着重要使命。我们衡量由制造大国到制造强国转变的一项重要指标就是能否形成一批富有创新精神、竞争力强、在国际上有重要影响的制造业大企业大集团，能否形成一批世界知名的制造业品牌。重点要抓好七个方面。**一要抓市场**。坚持市场导向，做好市场分析，瞄准市场需求，紧盯国家短板，紧跟未来科技发展。唯有如此，企业发展才有出路。离开市场，发展就会缺乏动力，也难有效益。**二要抓创新**。这是建设制造强国的根本。这里所说的创新，是全方位、全过程、全环节的创新，包括技术创新、体制创新、管理创新、商业模式创新等，也包括从整机到核心元器件、材料、工艺等各方面/各环节的创新。**三要抓融合**。下一步制造业的发展，核心就是要抓信息技术与制造技术的深度融合，实现“数字化、网络化、智能化”制造，这是新一轮科技革命和产业变革的核心所在。在过去的 200 年里，我国与第一次、第二次工业革命失之交臂，但目前我国无论是装备制造业还是信息技术产业都具备了相当的基础。如果搞得好，就完全有可能走在世界前列。**四要抓服务**。制造业服务化是现代制造业的发展趋势，也是做强服务业的重要途径。从一定意义上讲，未来制造业的竞争，就是生产性服务业的比拼。要加快制造与服务的深度融合，大力发展工业设计和服务型制造，把前端研发设计和后端售后服务的水平提升上去，提高企业价值创造能力。其中，要特别重视工业设计。科技是第一生产力，设计是科技+艺术，是一种新的生产力。杨振宁说，21 世纪是设计的世纪。哪个民族不重视设计，就要落后。**五要抓基础**。我国制造业与国际先进水平的差距，表现出来的是整机或最终产品的差距，但背后却是材料、工艺、元器件等整个工业基础问题。如果关键基础材料、核心基础零部件（元器件）、先进基础工艺及产业技术基础这四个基础不打牢，那么高端产品是生产不出来的。企业要向价值链高端攀升，必须在这“四基”上狠下工夫。**六要抓开放**。有条件的企业要加快走出去步伐，学会利用两种资源、两个市场。特别是在我国经济进入新常态的大背景下，要积极参与国际产能和装备制造合作，在国际竞争中扩大市场、提升竞争力。**七要抓改革**。上述几条能不能真正搞好，最终还是要靠改革。要坚持问题导向，深化国有企业改革，健全内部治理结构，加快建立与市场经济相适应的选人用人、业绩考核、收入分配等激励约束机制。在大胆推进改革的同时，也要注意把增强活力和加强监管相结合，确保国有资产保值增值。中央企业在国民经济发展中具有十分重要的地位和作用，是制造强国建设的骨干和中坚，要积极履行使命，主动承担重任，切实发挥好主力军和排头兵的作用。行业协会是政府与企业的桥梁和纽带，要把规划实施与行业实际紧密结合，不断加强对行业企业的指导和服务。

第二，政府要为制造强国建设创造良好发展环境。推进制造强国建设，主要应靠企业努力，但离不开政府的组织、引导、推动和政策支持。政府要准确把握定位，不能“越位”，也不“缺位”，关键是不能替代市场的主导作用和企业的主体作用。政府的定位就是要深化体制改革，完善政策支持，创造良好环境，为制造企业减负，为创新创造松绑，为产业发展保驾护航。**一要**在深化改革、简政放权上下工夫。深化市场准入制度改革，实施负面清单管理，加强事中事后监管。**二要**在创造公平竞争环境、激发企业创造活力上下工夫。健全知识产权创造、运用、管理、保护机制，严厉惩处市场垄断和不正当竞争行为，依法打击侵权行为。**三要**在发挥制度优势、集中力量办大事上下工夫。有些战略新兴产业一开始仅仅依靠市场很难地发展起来,要发挥社会主义优越性，整合有效资源，积极推动制造业重大工程建设。**四要**在推广应用上下工夫。加快落实支持重大装备规模化应用的政府采购政策，落实好、完善好首台（套）重大技术装备应用等鼓励政策。**五要**在财税、金融支持政策上下工夫。完善税收制度，创新财政资金支持方式，积极发挥政策性金融、开发性金融和商业金融的优势，加大对高端装备重点领域的支持力度。

第三，各地区要因地制宜抓好制造强国战略推进实施。地方政府是战略规划实施的重要力量。《中国制造 2025》印发后，不少地方都将其作为新的经济增长点，抓紧研究制订/落实意见或行动计划。这里有几点要注意。**一要吃透精神**。各地要及时传达党中央、国务院有关精神和要求，认真组织学习《中国制造 2025》，把握好规划的指导思想、基本原则和核心内容。**二要加强组织**。健全本地区工作推进机制，强化部门协同和上下联动，确保重点工作落实到位。**三要科学规划**。各地要从各自省情、区情、市情出发，结合自身制造业发展实际、所处阶段和比较优势，科学地制定发展规划。**四要突出重点**。各地都要分析自身优势所在，确定本地区发展重点，不能简单机械地照搬或者搞层层分解，切忌面面俱到、什么都搞。要选择有优势的领域或者产业链的优势环节，集中力量实现重点突破。**五要大胆探索**。《中国制造 2025》的实施需要在体制机制等方面开展创新，具备条件的地方应积极探索、先行先试。例如，制造业发展条件好、创新资源丰富的地区，可以率先探索建立区域性创新中心，带动本地区制造业创新发展等。

第四，科研院所和高等院校要为制造强国建设提供坚实的科技和人才支撑。科研院所和高校是科技创新和人才培养的重要基地，在制造强国建设中承担着不可替代的职责。制造业最终的比拼就是人才的比拼，是各个层次人才的比拼，包括一流科学家、高素质科研人员、各行业领域领军人物，也包括高级技工，还包括一般工人。总之，人才是关键。科研院所和高等院校要切实抓好以下几方面工作。**一要在主动参与企业为主体的产学研用协同创新上下工夫**。科研院所和高等院校要走出校门、走出院门，和企业结成共同体，形成一个新的协同创新体系。高铁的成功，协同创新功不可没，其中科研院所和高等院校都发挥了重大作用。**二要在基础研究上下工夫**。基础研究是科技创新的根基，这是企业和政府取代不了的。原始创新能力不强、重大原创性成果不多，是建设制造强国最为突出的一块短板。要瞄准国家重大战略需求和未来产业发展制高点，大力加强基础研究和高技术研究，不断提高原始创新能力，为制造业技术创新提供坚实的科学基础。**三要在突破共性技术上下工夫**。过去，我国在共性技术领域拥有一套完整、系统的研发体系和人才队伍，但原行业的科研院所转企改制后共性技术供给严重缺失。要尽快整合有关力量，加强与“四基”企业、整机企业对接合作，积极参与设立制造业创新中心，加快突破关键基础材料、核心基础零部件等的工程化、产业化瓶颈，夯实制造业发展的基础。**四要在推动成果转化上下工夫**。成果转化是联结科技与经济的纽带，是技术从实验室走向市场、实现价值创造的关键一跃。要以完善激励机制为重点，加快推进科技成果使用、处置和收益管理改革，大力推动科技成果产业化。**五要在人才培养上下工夫**。一方面，要以高层次、急需紧缺专业技术人才和创新型人才为重点，实施专业技术人才知识更新工程和先进制造卓越工程师培养计划，打造一支高素质的专业技术人才队伍。另一方面，要强化职业教育和技能培训，形成一支门类齐全、技艺精湛的技术技能人才队伍。

第五，金融机构要为制造强国建设提供全方位的金融服务。金融和实体经济是命运共同体，一荣俱荣、一损俱损。金融是现代经济的核心，实体经济是金融的根基；离开了实体经济发展，金融也就成了无源之水、无本之木。因此，金融机构要牢牢树立为实体经济服务的理念，创新金融产品，创新服务模式，拓宽制造业融资渠道，千方百计降低企业融资成本，支持制造业发展。要积极发挥政策性金融、开发性金融和商业金融的优势，加大对新一代信息技术、高端装备、新材料等重点领域的支持力度。健全多层次资本市场，支持符合条件的制造业企业上市融资、发行各类债务融资工具。积极引导风险投资、私募股权投资等支持制造业企业创新发展。探索开发适合制造业发展的保险产品和服务，鼓励发展贷款保证保险和信用保险业务。在风险可控和商业可持续的前提下，通过内保外贷、外汇及人民币贷款、债权融资、股权融资等方式，支持企业走出去。

第六，专家学者要为制造强国建设提供广泛的智力支持。制造强国战略实施，涉及经济、法律、政策、产业、技术、管理、文化等多个领域，需要广泛的智力支持。广大专家学者是党和国家的宝贵财富，是实施《中国制造2025》的重要依靠力量。在《中国制造2025》的形成过程中，专家学者做出了重大贡献。希望在实施推进过程中，广大专家学者能够继续发挥作用、提供智力支撑。为保证规划实施的科学化、民主化，国务院决定成立制造强国建设战略咨询委员会，作为领导小组咨询机构。该咨询委员会由产业经济、专业领域、行业协会、企业代表等方面的院士和专家组成，代表着各领域的最高水平。各位专家要加强制造业前瞻性、战略性、长远性问题调查研究，积极建言献策，提出有价值和独立见解的咨询意见和建议。今后，对拟提交领导小组审议的重大问题，要积极吸收有关专家参与研究，主动征求咨询委员会意见建议，充分开展论证评估。与此同时，也要支持包括社会智库、企业智库在内的多层次、多领域、多形态的中国特色新型智库建设，为制造强国建设提供咨询建议。

加快建设制造强国，任务艰巨，意义重大。我们要紧密团结在以习近平同志为总书记的党中央周围，求真务实，奋发有为，共同推动我国实现从制造大国向制造强国的历史性转变，为全面建成小康社会、实现中华民族伟大复兴的中国梦做出新的更大贡献！

2015 年 7 月 14 日

目 录

Contents

先进基础工艺 /095

质量技术基础 /133

1

加快推进工业强基，夯实制造强国基础

路甬祥[1]

1 全国人大常委会原副委员长、院士

制造业是国民经济的主体，是工业化、现代化的支柱，是技术与产业创新的主战场，是国家综合实力、产业竞争力、安全和可持续发展能力的基石。打造具有国际竞争力的制造业，是我国提升综合国力、保障国家安全、建设世界强国的必由之路。新中国成立以来，尤其是改革开放以来，我国制造业持续快速发展，建成了门类齐全、独立完整的产业体系，有力推动工业化和现代化进程，显著增强综合国力，支撑我世界大国地位。但与世界先进水平相比，中国制造仍大而不强，在自主创新能力、资源利用效率、产业结构水平、信息化程度、基础核心技术支撑、质量效益等方面差距明显。党中央国务院按照“四个全面”战略布局、创新驱动发展战略的要求，加强统筹规划和前瞻部署，制订并发布了《中国制造 2025》发展战略规划。力争通过三个十年的努力，到新中国成立一百年时，把我国建设成为引领世界制造业发展的制造强国，为实现中华民族伟大复兴的中国梦打下坚实基础。

实现工业大国向工业强国的转变，亟需从国家层面加强顶层设计，加大政策扶持力度，加快推进工业强基，夯实基础。形成整机与基础协同发展、相互促进的良好局面，进而提升我国工业整体水平，建设制造强国。从 2011 年底开始，工信部就在国务院和有关部委的支持下，把工业强基工程作为工业转型升级的重要举措开始推动。2013 年以来，又系统梳理总结国务院相关部门支持工业基础能力建设的现行政策措施，委托国务院发展研究中心、中国工程院等开展专题研究，会同有关单位开展专题调研，先后征求了相关行业协会和咨询机构、国务院相关部门和各地的意见，并在部门户网站公开征求意见，制订和提出了《加快推进工业强基的指导意见》，并于 2014 年发布实施，2015 年又组织实施“工业强基专项行动”计划。“工业强基”作为实施《中国制造 2025》发展战略规划、建设制造强国的重要基础工程，进入了新的发展时期。

一、充分认识工业强基的重要性和紧迫性

经过三十多年快速发展，我国工业总体实力迈上新台阶。2010 年以来，制造业增加值连续五年超越美国，居世界首位。至 2014 年底，我国已有 200 余种重要工业产品的产量和出口量居世界首位。载人航天、载人深潜、大型飞机、北斗卫星导航、超级计算机、高铁装备、百万千瓦级发电装备、万米深海石油钻探设备等一批重大技术装备取得突破，形成了若干具有国际竞争力的优势产业和骨干企业，已成为举世公认具有重要影响力的工业大国。但依然存在关键共性技术缺失，一些基础关键材料、核心基础零部件（元器件）依赖进口，基础制造工艺落后，关键技术受制于人，先进基础工艺研究少，试验检测手段不足，先进工业技术标准推广应用程度不高，工业基础能力薄弱、服务体系不健全等问题。而关键基础材料、核心基础零部件（元器件）、先进基础工艺、产业技术基础，简称工业“四基”，是提升工业核心竞争力的重要基础。因此，工业基础能力不强已成为制约我国工业转型升级、提升工业发展质量和效益的一个重要原因。

一是严重制约了整机、系统创新能力的提升。部分关键基础材料、零部件（元器件）不能自给，大量依赖进口。即便在我国有竞争优势的高铁领域，其轮轴系统、高速轴承、高速齿轮传动系统等，自主配套能力也严重不足。没有高端产品与装备集成的基础，无法形成有特色、有竞争力的整机及系统设备，部分整机制造业沦为全球制造产业链的“组装车间”，如计算机芯片、操作系统等核心元器件和软件主要由发达国家掌控，许多电子信息产品的自主创新和竞争能力弱、附加值低。

二是成为提升我国工业产品和装备可靠性、品质、创立世界著名品牌的主要制约之一。部分基础产品可靠性低，性能、质量难以满足整机用户的需求，导致一些主机和成套设备、整机产品陷入“缺芯”、“少核”、“弱基”状

况。我国是信息电子产品的制造大国，但八成集成电路依赖进口，2014 年进口总值超过石油天然气进口值。国内涡喷、涡扇发动机主要轴承由于叶片材料和加工质量等问题，其寿命与国际先进水平相比差距很大，许多国产基础件产品使用寿命仅为国外同类产品的 1/3～2/3，精冲模寿命一般只有国外先进水平的 1/3 左右。

三是成为产业自主发展、提升核心竞争力的瓶颈。先进产能比重低，导致工业产品产能结构性过剩，低端产品产能严重过剩、高端产品供给能力不足的矛盾突出，如我国高档工程机械中的液压件和发动机基本依赖进口，两项占整机成本比重高达 30%～50%；数控机床和机器人配套的高档数控系统 95%以上依赖进口。

四是成为影响工业转型升级和经济可持续发展的软肋。我国工业目前正处于加快向绿色低碳转型的关键时期，需全面优化产品产业结构、提升技术水平，基础能力薄弱致使绿色发展、结构优化升级严重滞后。由于先进基础工艺缺失，研究开发能力先进工艺技术创新能力弱，推广应用程度不高，致使工业生产粗放式增长，能源资源消耗、污染排放远超发达国家水平。产业技术基础体系薄弱，难以支撑行业发展，不能为企业提供高效优质的公共服务，一些制造企业只能依靠引进的工艺装备，依赖廉价资源成本和以生态环境为代价，扮演国外企业的“代工厂”角色。

五是成为制约我国工业由大变强的症结所在。一些关键基础材料、核心基础零部件（元器件）严重依赖进口，“四基”产业对外技术依存度在 50%以上，而发达国家平均在 30%以下，美德日更是在 5%以下。由于进口价格高、供货时间无保证，成为一些重要产品和装备国产化的卡脖子环节。

六是操作系统、设计工具与工业控制与管理等基础软件多依赖国外，国际工业技术标准制定参与度低，影响了自主设计和智能制造服务能力的提升等。我国工业“四基”发展严重滞后，使我国制造业长期处于全球制造产业链的中低端，直接影响我国产业的核心竞争力和附加值的提升。如不能尽快改变这一局面，随着要素成本上升，支撑我国工业快速发展的低成本优势趋于减弱，我国工业，尤其是制造服务产业，将面临发达国家重振高端智能制造和发展中国家成低成本制造快速发展的双重挑战。特别是一些关系国计民生的重大工程和重要装备，如我国正在实施的商用大飞机和第三代核电站工程，机载设备、发动机、关键材料、核岛配套件等依赖进口，一旦遇到国外供给限制和禁运，可能发生“受制”乃至“心梗”，影响国家经济、社会和国防安全。

加快提升工业基础能力，推进工业强基，是增强我国工业核心竞争力，加快产业发展转型升级增效，应对新一轮科技革命和产业变革机遇和挑战，实现我国工业由大变强，保障我国经济与产业自主、安全，建设制造强国不可回避、十分迫切的任务。

二、总体要求和发展目标

实施工业强基，需要明确总体要求和发展目标。必须以需求和目标为导向，组织推动全行业、全社会协同创新，改革开放、求真务实、不懈努力、持之以恒。

总体要求

要深入贯彻党的十八大和十八届二中、三中全会精神，以邓小平理论、“三个代表”重要思想、科学发展观为指导，以提高我国工业核心竞争力为主攻方向。

坚持市场主导与政府引导相结合。充分发挥市场配置资源的决定性作用，突出企业主体地位，以市场需求为导向，整合产学研用创新资源，促进产业发展与应用需求良性互动，以创新为动力，促进开放合作。发挥好政府在宏观调控、组织协调、政策促进、投资引导等方面的积极作用，加强顶层设计、规划引导，完善政策措施，加大对工业基础的支持力度。

坚持整体推进与重点突破相结合。着力解决工业基础领域的关键问题，加快推动创新成果应用和产业化，夯实工业发展基础，促进工业转型升级，推进工业大国向工业强国转变。围绕产业链整体升级，明确工业基础能力长远推进目标和分阶段实施方案，依托重点工程、重大项目和骨干企业，按照轻重缓急，以点带面，有序推进，重点突破一批基础条件好、需求迫切、带动作用强的工业“四基”。

坚持技术创新与技术改造相结合。优化企业技术创新环境，支持企业技术创新体系建设，鼓励企业加大研发投入，增强企业自主创新能力。加快创新成果产业化，把技术改造作为技术创新成果实现产业化的重要途径，扩大创新产品、新工艺的开发和应用，推动其尽快实现规模效益，形成技术改造与技术创新的良性互动。

坚持对外引进与对内联合相结合。支持企业引资、引技、引智，开展多种形式的交流与合作。鼓励企业与科研院所、高等院校、下游用户联合建立产业联盟，研发和推广应用工业基础领域新技术和新产品，建立合作共赢的开放式产学研用合作新模式。

发展目标

到 2020 年，我国工业基础领域创新能力明显增强，关键基础材料、核心基础零部件（元器件）保障能力大幅提升，40%的核心基础零部件、关键基础材料实现自主保障，受制于人的局面逐步缓解，航天装备、通信装备、发电与输变电设备、高端制造与机器人、工程机械、轨道交通装备、海洋工程与船舶制造、家用电器等产业急需的核心基础零部件（元器件）和关键基础材料的先进制造工艺得到推广应用，先进基础工艺得到广泛应用，产业技术基础支撑服务体系较为完善，基本实现关键材料、核心部件、整机、系统的协调发展，工业基础能力跃上新台阶，为改造提升传统产业、加快培育发展新兴产业提供有力支撑，使我国工业核心竞争力得到明显提升，在全球价值链中的地位得到显著提高。

到 2025 年，70%的核心基础零部件、关键基础材料实现自主保障，80 种标志性先进工艺得到推广应用，部分达到国际领先水平，建成较为完善的产业技术基础服务体系，逐步形成整机牵引和基础支撑协调互动的产业创新持续发展新格局。

三、发展重点和主要举措

“四基”工作的涉及面很广，必须坚持整体推进与重点突破相结合，明确发展重点，着力解决关系我国工业转型升级、制造强国建设全局的工业基础领域的关键问题，并提出科学、前瞻、务实、可行的实施举措。

发展重点

1. 关键基础材料

提高特种金属功能材料、高端金属结构材料、先进高分子材料、新型无机非金属材料、高性能纤维及复合材料、生物基材料等基础材料的性能和质量稳定性，降低材料综合成本，提高核心竞争力。提高国防军工、新能源、重大装备、电子等领域专用材料自给保障能力，提升制备技术水平。加快推进科技含量高、市场前景广、带动作用强、保障程度低的关键基础材料产业化、规模化发展，推进关键基础材料升级换代，促进绿色低碳发展。

2. 核心基础零部件（元器件）

围绕重大装备、重点领域整机的配套需求，提高产品的性能、质量和可靠性，重点发展一批高性能、高可靠性、高强度、长寿命，以及智能化的基础零部件（元器件），突破一批基础条件好、国内需求迫切、严重制约整机发展的关键技术，全面提升我国核心基础零部件（元器件）的保障能力。

3. 先进基础工艺

以提高产品质量和生产效率、促进绿色低碳发展为主攻方向，重点发展有利于提高产品可靠性、性能一致性和稳定性的先进制造工艺，有利于资源能源高效开发利用、节能减排、质量安全、安全生产的绿色制造工艺，有利于提升自动化、信息化、成套化水平的智能制造工艺，全面提升基础工艺水平，加快先进基础工艺在生产过程中的推广应用。

4. 产业技术基础

重点围绕研发设计、检验检测、试验验证、标准制修订、技术成果转化、信息与知识产权运用服务等方面的共性需求，按照开放性、资源共享性原则，依托优势企业、科研院所、高等院校，建设和完善一批专业水平高、支撑作用强、布局合理的骨干技术基础服务平台。推动建立市场化运作机制，完善技术基础公共服务体系，为区域和行业内企业提供优质、高效服务。

主要举措

1. 实施工业强基工程，持续提升产业链整体水平

工业强基是基础性、战略性的系统工程，需要坚持不懈的努力。要围绕重点行业、关键领域的工业“四基”发展需求，坚持近期目标和长远规划结

合，突出重点、创新业态，引导企业、科研院所编制基础能力发展推进计划，以重大工程和重点装备关键技术和产品开发为突破口，组织实施一批工业强基示范工程，建设一批产业技术基础示范服务平台，实现关键技术和产品的产业化突破，提升重点行业、关键领域产业链整体水平。

2. 加强基础领域研发创新，促进科技成果产业化

工业强基的灵魂在于技术、管理创新和产业化。要优化整合创新资源，引导企业与科研院所、高等院校、下游用户联合建立研发机构、产业技术联盟等技术创新组织，加大基础领域研发投入，共同开展基础领域产业共性技术、高端技术、前瞻性技术的研究攻关，形成一批研究成果。鼓励和支持企业与科研院所合作对接，促进科研成果转化应用。加大工业基础领域企业技术改造力度，推进信息技术应用，提升工艺装备水平，改善产品性能，提高产品质量，加快推进创新成果产业化。

3. 推动产用互动，加快推广应用

“四基”是产品和整机装备的基础。要推动整机企业和“四基”企业协同发展，推动基础材料企业、零部件企业与整机企业的战略合作，建立一批上下游紧密合作、分工明确、利益共享的产学研用一体化产业组织新模式，加快形成有效协调的产业链，提升工业基础产业发展的效率与效益。注重需求侧激励，产用结合，协同攻关。依托国家科技计划（专项、基金等）和相关工程等，在数控机床、轨道交通装备、航空航天、发电设备、海洋工程与船舶制造等重点领域，引导整机企业和“四基”企业、高校、科研院所产需对接，建立产业联盟，形成协同创新、产用结合、以市场促基础产业发展的新模式，提升重大装备自主可控水平。开展工业强基示范应用，完善首台（套）、首批次政策，支持核心基础零部件（元器件）、先进基础工艺、关键基础材料推广应用。建立企业为主体、产学研用相结合的工业“四基”产需对接信息平台，完善中介服务体系，加强信息共享交流，推动工业“四基”产品、技术产用互动。鼓励工业“四基”产品、技术的试点示范，积极培育

开拓市场，加快工业“四基”产品、技术推广应用。

4. 提高产品质量，强化品牌建设

质量是企业的生命竞争力的核心。“四基”是产品和装备质量的基础。要健全完善工业基础领域标准体系，加快制修订相关技术标准，促进上下游产品的标准对接，提高协调性和一致性，建立行业计量基标准，开展计量技术规范的制修订。深入推进对标和达标工作，提升基础产品的质量、可靠性和寿命。加强工业基础领域的知识产权布局与运用、自主品牌培育，鼓励企业实施品牌发展战略，支持有实力的企业收购海外品牌和在境外注册商标，促进品牌国际化，提高产品国内外市场竞争力。整顿规范市场秩序，加强知识产权保护。

5. 深化军民结合，促进军民基础产业互动发展

在“四基”技术与产业领域，军民不仅各具特色和优势，并多有共同需求和基础。要调动军民各方资源，开展联合攻关，破解关键基础材料、核心基础零部件、先进基础工艺等制约瓶颈。建设军民结合公共服务体系，支持军民技术相互有效利用，加快军民结合产业化发展。充分发挥军工技术、设备和人才优势，引导先进军工技术向民用领域渗透，改造提升传统产业。推动国防装备采用先进的民用标准，推动军用技术标准向民用领域的转化和应用。充分发挥地方优势，鼓励先进成熟民用技术和产品在国防科技工业领域的应用。

6. 优化产业结构，促进产业集约集聚

工业强基需要良好的产业生态。要鼓励工业“四基”企业跨地区、跨所有制兼并重组，整合优势资源，形成一批具有国际竞争力的大型企业集团。发挥整机龙头企业的带动、辐射作用，培育发展专业化水平高、配套能力强、特色明显的“专、精、特”企业，引导中小企业按照产业链和技术链分工，加强与整机企业的配套合作，形成大型企业集团与中小企业优势互补、协调

发展的产业格局。引导工业“四基”企业区域集聚，支持和鼓励建立区域产业公共服务平台，形成一批专业特色明显、品牌形象突出、服务体系完善的产业集聚区。

四、保障措施

工业基础领域的产品和技术品种多、批量小、要求高，又直接关系到我国经济转型升级和国防安全。国内外的发展实践表明，仅依靠市场机制无法解决工业基础能力提升难题，必须坚持市场主导与政府引导相结合。在充分发挥市场配置资源的决定性作用的同时，进一步发挥好政府的作用。加强规划和产业政策引导，完善财税支持政策，拓宽社会融资渠道，加强“四基”创新能力建设和面向中小企业的公共技术服务支持，培育建设人才队伍与产业文化。

1. 加强规划和产业政策引导

围绕工业转型升级规划和行业发展规划，进一步明确工业基础领域发展的重点和方向，制定发布《工业“四基”发展目录》并适时更新。研究出台支持工业“四基”发展的产业政策，健全完善工业基础领域技术标准和计量技术规范，引导各类要素向工业“四基”领域倾斜。各地区可根据本地区发展需要，加强规划与工业“四基”产业发展的衔接和协调，引导资源向本地区合理流动，打造区域特色，优化工业“四基”产业布局。

2. 完善财税支持政策

充分发挥财政资金的引导作用，利用现有资金渠道持续加大对工业“四基”的支持力度。落实完善现行有关促进科技进步、自主创新以及促进高新技术企业发展的税收优惠政策，支持工业“四基”企业发展。支持工业“四基”产品推广，及时调整《国内投资项目不予免税的进口商品目录》和享受税收优惠的《重大技术装备和产品进口关键零部件、原材料商品清单》。

3. 拓宽融资渠道

促进信贷政策和产业政策的协调配合，加强信息共享，搭建银企信息沟通平台，开展多种形式银企交流活动。引导金融机构发展适合企业资金需求特点的金融产品和服务模式，完善中小企业融资性担保体系，加大对工业“四基”企业的信贷支持力度。鼓励工业“四基”企业通过发行债券、股票、风险投资、兼并重组、股权投资等方式多元化融资，拓宽企业直接融资渠道。

4. 加强“四基”创新能力建设

强化前瞻性基础前沿研究，着力解决影响核心基础零部件（元器件）产品性能和稳定性的关键共性技术。建立基础工艺创新体系，利用现有资源建立关键共性基础工艺研究机构，开展先进成型、加工等关键制造工艺联合攻关；支持企业开展工艺创新，培养工艺专业人才。加大基础专用材料研发力度，提高专用材料自给保障能力和制备技术水平。建立国家工业基础数据库，加强企业试验检测数据和计量数据的采集、管理、应用和积累。加大对“四基”领域技术研发的支持力度，引导产业投资基金和创业投资基金投向“四基”领域重点项目。

5. 培育建设人才队伍与产业文化

借鉴德国等工业发达国家制造业人才伍培养的成功经验，结合我国国情，加快发展与工业基础能力提升相适应的技术研发、生产工艺、经营管理、产教深度融合的现代工程与职业教育。以提高现代经营管理水平和企业竞争力为核心，培养造就一批“四基”优秀企业家和高水平经营管理人才。强化企业职业教育和技能培训，在高等学校建立一批“四基”产学研基地，开展现代学徒＋职业教育试点示范，加强基础产业人才需求预测，完善人才信息库、人才评价和激励机制。培养适应基础产业发展需求，德才兼备、开拓创新、协作敬业、技艺精湛的专业技术人才、经营管理人才和技能人才队伍。培育建设精益求精、创新创造、诚信服务、合作共赢，符合时代要求的中国先进制造文化，提升中国制造的信誉和价值。

各级工业和信息化主管部门要深刻认识推进工业强基的重要性和紧迫性，进一步加强组织领导，切实加大工作力度。各地要结合实际，出台具体政策措施并抓好落实。要加大宣传力度，发挥行业协会的桥梁纽带作用，调动各类企业的积极性和主动性，实现工业强基新突破，为工业由大变强、建设制造强国夯实基础。

五、参考文献

[1] 中国制造 2025，国发〔2015〕28 号，2015-05-19

[2] 工业和信息化部关于加快推进工业强基的指导意见，工信部规〔2014〕67 号

[3] 工业和信息化部关于开展 2015 工业强基专项行动的通知，工信部规〔2015〕66 号

[4] 中国工程院. 制造强国战略研究·综合卷. 北京：电子工业出版社，2015

[5] “工信部关于加快推进工业强基的指导意见”解读，中国信息产业网，2014-02-26

[6] 路甬祥. 创新设计与制造强国. 人民政协报，2015-12-16

2

工业基石——核心基础零部件和元器件

尤　政[1]　徐开先　古　群　李维荣　邵珠峰

1 清华大学　院士

工业核心基础零部件和元器件是装备制造业的基础，直接决定产品的性能、水平、质量和可靠性，具有很强的产业辐射力和影响力，其价值通常是自身价格的几十倍，具有十分重要的战略地位。基础零部件和元器件产业的发展对国家整体工业水平的提高起到重要推动作用，其技术进步是下游整机应用行业技术创新的先决条件，有良好的技术发展前景。

目前我国基础零部件和元器件产业创新能力薄弱，产品质量不稳定、可靠性差，造成高性能零部件和元器件大量依赖进口，国产装备“空心化”现象严重，制约了我国装备制造业的健康发展。基础发展滞后，核心零部件和元器件受制于人，已成为制约我国制造业实现“由大变强”的主要障碍。

一、内涵

工业核心基础零部件和元器件，是组成工业制成品的、具有一定功能的、不可分拆或通常不予拆分的基础单元。核心基础零部件和元器件的原则是：①目前大量依赖进口，空心化严重的产品；②影响国民经济发展和国防安全，必须支持研发和产业化的零部件和元器件；③单靠市场无法解决，需要政府支持辅助解决的产品。基础零部件和元器件可以分为通用和专用两大类。其中，通用核心基础零部件包含量大面广的机械基础零部件、电子元器件和仪器仪表元器件；专用核心基础零部件和元器件为面向具体工业行业和领域的核心基础零部件和元器件。

机械零部件是组成装备和机器不可分拆的基础单元。具体包括：轴承、齿轮、液压气动元件与系统、液力元件、密封件、链与链轮、传动联结件、紧固件、弹簧等量大面广的基础类结构单元零部件；同时还包含减速器、联轴器、导轨、丝杠、伺服电机等基础性单元（图 1）。其中，核心基础机械零部件包括：轴承、齿轮及机械传动元件、液气密元件、减速器、伺服电机和数控系统等。

图 1　机械零部件

电子元器件主要包括电阻器、电容器、电感器件、电子变压器、频率选择及控制元器件、混合集成电路、电子陶瓷零部件、磁性零部件、继电器、敏感元件与传感器、接插元件、微特电机及组件、电声器件、光电线缆、光器件、电子防护元器件、印制电路板、物理化学电源、半导体集成电路、半导体分立器件、显示器件等产品（图 2）。核心电子元器件是在信息化和工业化融合及工业 4.0 升级过程中，对新兴产业以及国防系统装备的能力提升发挥重要促进作用的电子元器件，具体包括：集成电路、新型显示面板、光电元器件等。

图 2　电子元器件

仪器仪表元器件是指对仪器仪表具有一定功能、不可分拆的基础性结构单元，通常包括：敏感元件、弹性元件、光学元件、机电元件、仪器仪表用机械件、显示器件等组成。核心仪器仪表元器件是指在仪器仪表领域中具有信息检测和转换功能、并对仪器仪表起到至关重要作用的器件或装置（图3）。

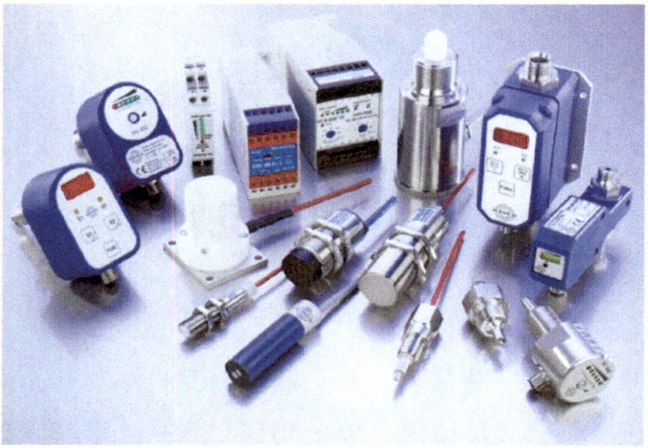

图3　仪器仪表元器件

二、加强工业核心基础零部件和元器件建设的重要性和必要性

核心基础零部件和元器件是装备制造业核心

我国基础零部件和元器件制造已形成种类齐全的工业门类，既是劳动密集型产业，更是技术密集型产业。它是各类装备的重要配套件，对主机装备的精度、性能、寿命和可靠性起着决定性的作用。运载火箭和人造卫星、飞船及测控系统基础件的可靠性直接关系到火箭能否成功发射、卫星和飞船能

否安全运行。核心基础零部件和元器件一直受到工业发达国家的高度重视，既是劳动密集型产，更是技术密集型产业，凡是制造强国其基础件产业必定发达。

核心基础零部件和元器件是战略物资

武器装备的产品性能同样依赖于基础件。高性能基础件技术的快速发展与两次世界大战中的武器装备的发展是分不开的，如液压伺服系统、高速精密轴承、高精密齿轮传动等都是战争中不可或缺的重要基础件。

西方国家过去和现在都严禁武器装备配套用基础件元器件向中国出口，甚至包括用于武器装备基础件生产的设备和仪器。例如，舰船关键基础件、国防车辆基础件、航空航天装备用基础件、核电装备基础件等。近些年来，随着经济全球化进程加快和我国扩大开放，世界上基础件跨国公司进入中国，建立独资或合资企业，但这些企业的基础件产品首先为其在华的主机厂家配套，均自成体系，我国自主创新的基础件无法进入重要的主机装备市场。

核心基础零部件和元器件是产业创新的前提

从全球各种行业的发展历史中可以看出，无论是机床、汽车、轮船等机械为主的产业或是电报、电话、手机、电脑等电子信息产业，其发展都是基于基础零部件和元器件产品创新。没有基础零部件和元器件产品的技术发展，任何整机产品设计都将成为空想。

核心基础零部件和元器件直接影响经济和国防安全

我国自身核心基础零部件和元器件产品质量和可靠性差，导致国防和民用设备、整机产品安全性差，经济成本高。在我国工业生产和水利、电力、通信、交通等关键基础设施中，大量使用国外工业设备和系统，不仅价格高、供货和服务时间无保证，设施安全稳定运行的控制权也基本掌握在他人手中，一旦国外实行禁运，后果难以想象。目前，我国正在实施的大飞机研制工程和第三代核电站研制工程，不仅机载设备、原材料和配套件等大量依赖进口，飞机发动机、核岛设备密封件还面临国外禁运，已成为两项重大国产化工程的卡脖子环节。

基础零部件和元器件关乎我国社会经济安全和国防安全，对于我国制造业的意义重大。而我国自身的产品总体水平偏低，高端产品供给能力不足，产品可靠性和安全性较差，对我国社会经济安全和国防安全带来严重影响，发展我国工业核心基础零部件和元器件显得十分紧迫和重要。

三、我国核心基础零部件和元器件发展现状

经过长期的发展，我国基础零部件和元器件生产制造已形成了门类齐全的产业体系，并呈现出积极的发展态势，近十年来，基础零部件和元器件制造业持续高速增长，为主机和装备发展做出了重要贡献。

具有相当规模和一定技术水平的完整产业体系

在传统装备制造领域，国内的基础件行业能够提供品种较为齐全的中低端产品，满足主机装备的配套需求。在某些高端装备领域，如风电齿轮箱和轴承，矿山设备用液压元件与系统，舰船用齿轮箱等方面也在逐渐扩大市场份额，不少产品取代了进口。目前基础件在高端装备配套方面的欠缺主要是产品性能和质量未达到主机的差异化要求，存在着产品性能不可靠，质量不稳定的问题。进入 21 世纪以来，依靠价格优势，国内中低端基础件的出口已经遍及世界众多国家和地区，出口产值不断扩大，但内资企业的产品很多还达不到国外高端产品市场的要求。

据行业协会 2012 年统计，国内机械基础件的市场占有率约为 60%～65%，一些成熟的、自主开发的中低端产品已能够批量出口[2]，基本可承担为国民经济各行业提供通用零部件配套的重任，部分产品还出口至欧美及东南亚地区。一些高性能的机械基础件设计制造技术已经进入较成熟阶段。如图 4 所示，机械基础零部件逐步替代进口产品，2012 年度销售额和出口额基本保持增长势头，进口额显著减少。

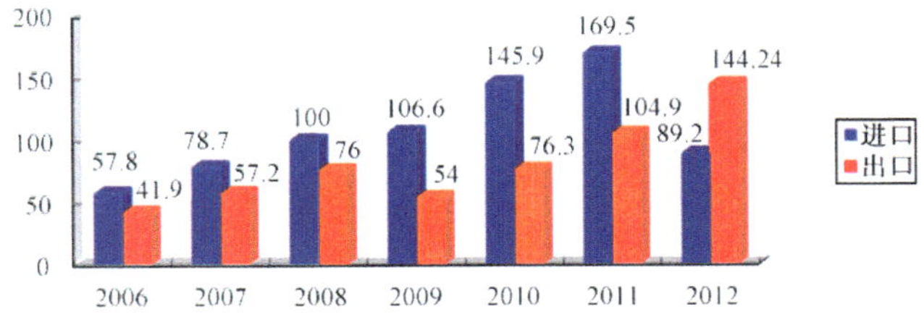

图 4　2006-2012 年机械通用零部件进出口总值（亿美元）[3]

表 1 为 2012 年度各类机械基础件产业增长情况对比，显示大部分基础件销售额和出口额都实现了增长。

2 工信部《机械基础件、基础制造工艺和基础材料产业“十二五”发展规划》

3 数据来源：中国机械通用零部件工业年鉴 2006—2012

表 1 机械基础件产业增长

项目	年销售额（亿元）	同比（%）	进口额（亿美元）	同比（%）	出口额（亿美元）	同比（%）
轴承	2260	18.1	33.7	-19.1	41.9	-6.7
液压气动与密封	872	12.8	27.31	-30.4	11.28	1.3
齿轮	1950	9.5	122.52	-1.9	45.43	18.3
紧固件	670	-1.5	30.99	-7.3	47.10	-2.2
链条	190	7.9	2.90	0	14.83	9.0
弹簧	188	8.0	5.35	-2.7	2.81	17.1
粉末冶金	99	-2.0			0.9	12.5
总计	3232	6.4	166.63	-1.7	115.33	9.94

另外，传感器 3 大系列，12 大类，42 小类，国内几乎都有研究、开发或生产，品种规格有 12000 余种。碲镉汞红外传感器已用于我国风云系列卫星、海洋卫星以及神舟系列飞船。微型惯性器件的 MEMS 加工工艺、封装技术取得突破性进展，实现了微型惯性器件 MEMS 工艺小批量制造能力，实现了 4 硅片上高 g 传感器批量制造。成功研制出精度优于 0.02%FS 的高温大压力谐振传感器和小型化谐振筒压力传感器。研制出一种新型的电化学 DNA 纳米生物传感器，灵敏度达到 10fmol/L。首次利用多孔纳米固体研制出 ZnO 气敏传感器。利用静磁栅绝对编码技术，研制出可在水下 1000M 正常运行的位移传感器。成功研制出“蛋白酶芯片生物传感器系统”。研制完成“小型高精度 CMOS 天体敏感器技术”，完全自主创新，相关的图像传感器成功用于我国航天型号。在 SAW 器件方面，研制成以延迟/谐振器型振荡器为敏感单元的声表面波气体传感器，有效地解决了复杂气体背景条件下的干扰问题。已研制出 30° /h 的 MEMS 陀螺，2g～50000g 的 MEMS 加速度传感器、35kPa～10Mpa 的 MEMS 压力传感器、MEMS 三轴振动传感器、MEMS 冲击传感器、MEMS 流量传感器等 MEMS 传感器。

经过数十年的发展，我国电子元件行业已经形成门类较为齐全、拥有企业上万家的庞大产业。根据中国电子元件行业协会的数据，2013 年，中国电阻电位器、电容器、磁性材料与器件、电感器件、电子变压器、混合集成电路、电子陶瓷及器件、压电晶体、控制继电器、敏感元器件及传感器、电接插元件、微特电机、电声器件、光电线缆、电子防护元件、印制电路板、电池 17 个细分行业的销售总额约为 15480 亿元，在我国电子信息制造业中居第三位。但是我国电器元器件大多是中低端产品，高端产品需要大量进口（图 5）。

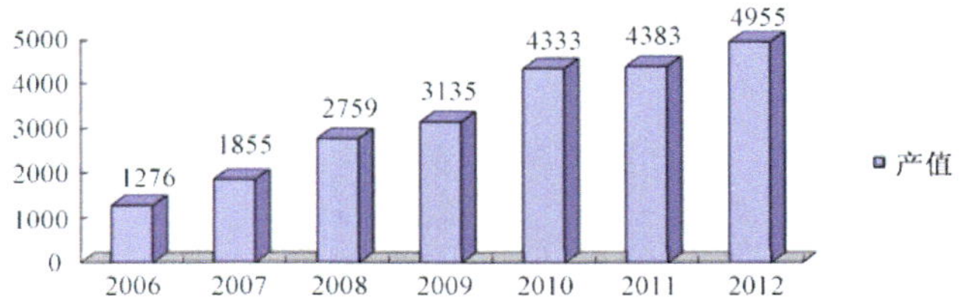

图 5　2006-2012 年机械通用零部件工业总产值（亿元）

产业规模发展迅速

以机械行业为例，如图 6 所示，我国机械通用零部件工业总产值呈现逐年递增趋势。我国液压气动密封产品的销售收入位居世界第四，轴承的产量和销售收入位居世界第三，齿轮的产值和销售收入位居世界第四，模具的总产量位居世界第三，紧固件的产量占世界总产量的 1/3 左右。图 7 至图 8 显示了我国 2006 年—2012 年轴承和液压气动密封产品的年产值变化。

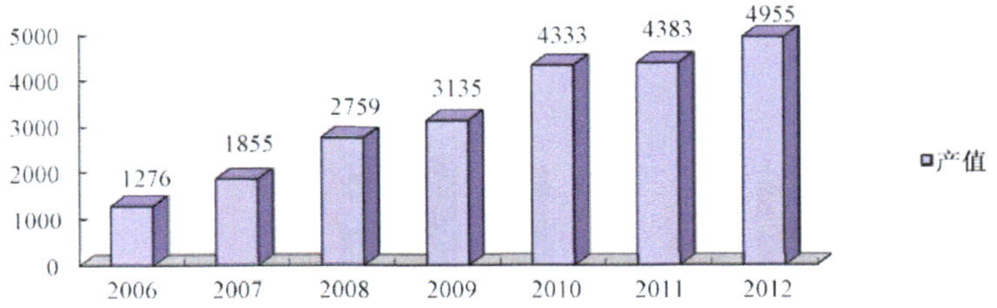

图 6　2006-2012 年机械通用零部件工业总产值（亿元）

我国已成为全球电子元器件的主要生产国，产量与销售额均居全球前列，电阻器、光电线缆、电子变压器、磁性材料与器件、电声器件等多种产品产量位列全球第一。最近十几年来，在大公司战略的推动下，一些我国本土的电子元件生产企业发展迅速，在企业规模、技术实力等方面都已初步具备与国际同行巨头一较高下的实力，部分企业的相关产品产量已在全球居首。

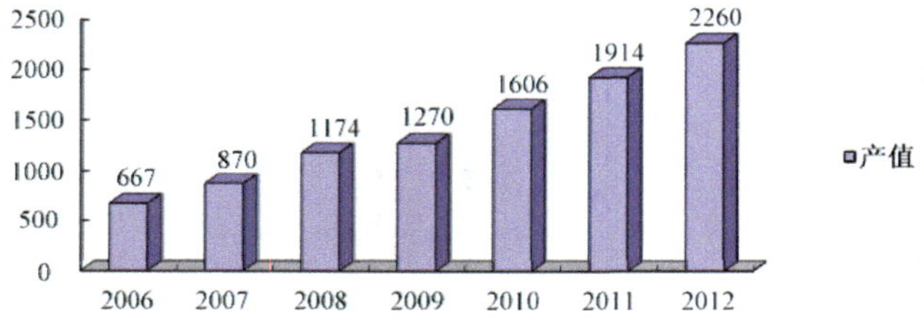

图 7　2006-2012 年轴承工业生产总值（亿元）

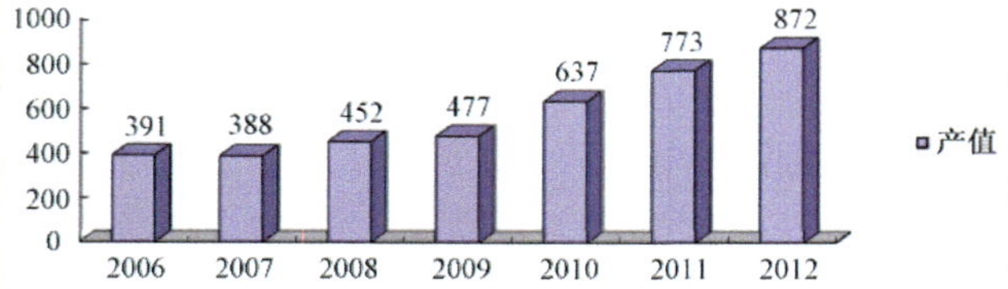

图 8　2006-2012 年液压气动密封工业总产值（亿元）

据统计，仪器仪表行业产业传感器能满足自动化仪表 70% 的要求、中型工程 80% 要求、大型工程 60% 要求。先施科技、远望谷等企业在超高射频 RFID 产品领域，占据国内 90% 的市场。连续机率实现每年 20% 的增速，行业规模扩展十分迅速，2013 年仪器仪表产业总产值达到 8256 亿元（图 9）。

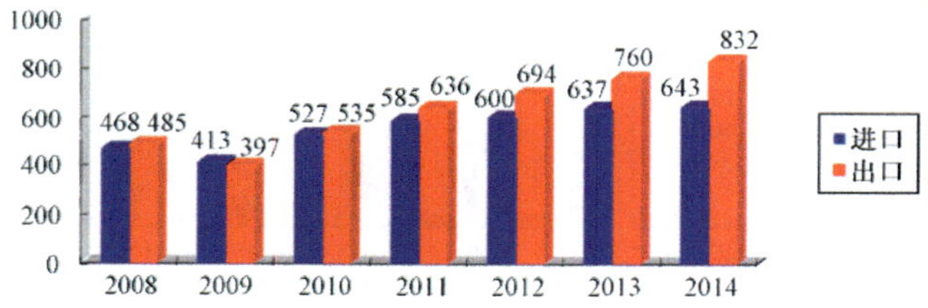

图 9　2001-2014 年我国仪器仪表产业总产值

研发能力显著进步

近十年来，在国家及地区各类科技计划的支持下，重点围绕机床、汽车、飞机、工程机械、输变电装备、盾构机、风力发电装备、高速列车等关键配套基础件，开展了共性和关键技术的研究，取得了一系列研究成果，并成功应用于国家重大装备和重点工程。

1. 机械零部件行业

（1）轴承

通过优化设计、材料和热处理工艺、关键零件加工工艺方法及检测等关键技术的研究，研发了寿命≥100 万公里的高速列车用滚子轴承，建立了高速列车专用轴承试验平台，形成小批量生产能力；开发研制了寿命达到 20 万公里以上、可靠度达到 99%以上的第三代轮毂轴承单元，建立示范生产线，具备年产 20 万套的批量生产能力。

（2）液压元件与电液控制系统

掌握了典型液压元件的先进仿真与设计工具、摩擦副配对材料与制造工艺、结构优化设计等关键共性技术，研制了高压高转速和低噪音柱塞泵和电液伺服阀等关键基础件，实现了产业化。其中，煤矿支架电液控制系统打破了国外长期的技术垄断，并批量生产应用于国内大型先进综采煤矿；大功率液压操动机构成功应用于 750KV 超高压输变电国家重大工程中。

（3）密封元件与装置

掌握了典型装备用密封件的材料分析、加工工艺与装备、性能测试方法与检测设备等关键技术，研究成果成功应用于大型水轮发电机组、煤矿液压支架、轧机液压 AGC 等重大装备；建立了核电主冷却剂泵的密封试验装置，为核电密封自主化奠定了基础。

（4）齿轮及传动装置

掌握了风电齿轮箱结构设计与优化、动力学分析、高可靠性设计、批量生产以及试验检测等关键技术，实现了我国风力发电齿轮箱国产化，形成了从数百千瓦到兆瓦级各种规格齿轮箱的批量生产能力，占据了国内大部分的市场份额。

2. 电子元器件及仪器仪表元器件方面

通过“六五”到“十一五”的连续攻关，推陈出新，研发了一批新的成果，优化该行业队伍，创建了具有竞争力的产业基地，同时一些项目也得到了落实与完善。如设计技术经历了仿制、自主设计到创新阶段，以 Ansys 为分析平台，建立了方杯型、双岛型、梁膜型等传感器参数化模型，开展了各种硅杯的力学分析、芯片版图、芯体结构等设计应用软件和补偿软件。过程控制用传感器的精度已提高到 0.075%/FS，稳定性也提高了一个数量级。我国研制的六维力传感器，其性能达到国际先进水平，使力传感器从点的“测量”向“状态的识别”前进。国内研制的基于神经网络的多光谱辐射温度计，可测量航天器返回大气层时其驻点 3000℃的高温。在 CCD 图像传感器方面，研制出线阵 12000 像元、面阵 5040×5040 个像元、2000 万像元的 COMS 图像传感器，TCM5115CL 已投产，红外分辨率为 2048×2048 个像元。国内利用低温超导磁性传感器，正在进行生物磁信号探测研究，已经能够在实验室无屏蔽环境下获得高质量的心磁信号，已经成功实现了脑磁信号的探测。在非制冷红外传感器方面，我国 640×512（17×17μm）传感器专用读出电路已完成设计、仿真和流片，并在 MEMS 工艺结构方面，最为关键的“双层微桥”技术取得突破。我国利用高比表面积的一维纳米材料，制备出一种更加灵敏的电化学发光纳米生物传感器，该项研究为低维纳米材料制备生物传感器提供了重要的理论和实验依据。国内推出的 MEMS 磁敏传感器将传感和信号处理单元集成在一起，提高了灵敏度，成本仅为霍尔传感器的 1/10，其技术水平与德国博世集团水平不相上下。

经历了仿制和引进消化阶段，我国传感器产业现已步入自主设计、探索创新阶段，并在高精度压力传感器、变送器、1000 万吨炼油核心控制系统用传感器等领域取得了重大突破。

四、与工业发达国家对比存在的差距

创新能力不足，核心技术缺失

我国的基础零部件和元器件产业相比于国际领先国家，目前存在的最大问题在于自主创新能力不足，核心技术缺失，主要表现在以下方面。

（1）科学探索前瞻性差，理论研究基础薄弱，产业应用基础供给不足，社会资源利用率低，科研与生产实际结合不紧密，成果转化速度慢，制约了产品的设计技术、可靠性技术、制造工艺与流程、基础材料性能研究的发展。

（2）参与制修订国际标准的能力薄弱。行业标准体系不健全，尤其是工艺标准、试验与检测方法标准的研究亟待加强。

（3）工艺技术相对落后。基础工艺研究投入严重不足，工艺技术获取渠道不畅，企业模仿制造多，只知其然，不知其所以然，只求能生产，难以突破提升。

（4）装备自动化程度低。手工、机械化、自动化半自动化并存，单机多序仍是主流，在线检测应用不多，直接影响产品的一致性和质量稳定性。

具体而言，机械零部件方面，各种产品品种少、规格少，特别是高档产品差距较大，无法满足主机日益发展的需求。目前，各类主机基础件的性能指标大体相当于国外 20 世纪 90 年代水平，质量不稳定，早期故障率高，可靠性差。因此，不少主机厂往往选择进口基础件配套。

在电子元器件方面，这种现象尤为明显。缺乏具有前瞻性的技术研发，自主技术缺乏导致电子元器件全行业的外贸依存度过高，对海外市场的风险应对能力很弱，一旦海外订单受阻，整个行业将受到极大影响。如我国本土的电阻器生产企业较多，但行业整体实力较弱，具有一定规模的企业仅有广东风华集团、四川永星电子、振华集团云科电子、益阳龙建达电子、蚌埠双环集团、七星集团友晟电子等数家企业，这些企业的电阻器产量和销售额与外资企业相比差距很大。而且，电阻器的片式化率已超过 95%，但是我国本土企业生产的电阻器绝大部分属于带引线的传统型产品，在目前需求量最大的片式电阻器方面，能量产的企业寥寥无几，片式电阻器的市场占有率不到 5%，每年还需要进口近万亿只的片式电阻器，而且逆差较高。

仪器仪表元器件方面，主要问题在于基础研究苍白乏力，例如核心器件传感器，新原理、新器件的开发寥寥无几，新材料研发屈指可数，特性研究不深不透。近几十年来，国内很少有传感器新原理问世，一般是将国外样品（样机），分析测绘，充其量有点集成创新，“克隆”而已，新原理开发的新器件少之又少。

重复建设严重，资金投入分散

与主机相比，初建基础件企业资金和技术投入相对较少，在几次国内经济大发展时期，都增加了一批基础件生产企业。行业中已呈现大量的低水平重复建设，产业集中度低下，多数企业存在“大而全”、“小而全”，专业化程度低，装备水平不高，质量不稳定，形不成规模，经济效益低下等问题。例如，轴承行业哈轴、瓦轴、洛轴三家大型骨干企业，年产轴承的总和还不到国外一家著名公司的 50%。近年来，随着培育龙头骨干企业和多种所有制共同发展政策的落实，基础件行业正经历着由分散到逐渐集中的集约化发展过程。

由于低档次元件产品的进入门槛不高，低水平重复建设尤为严重，行业内的无序竞争造成市场混乱，部分落后产能严重过剩，企业转型升级乏力，产业结构调整迟缓，集中度难以提高。由于缺乏相应的政策引导，电子元件行业与配套的上游材料、设备、零配件等行业的发展严重脱节，许多关键原材料、设备及零配件无法自主生产，需要从国外进口。

由于零部件和元器件专业面广，在我国分属不同的部门和行业，得不到足够的重视，更没有一个部门对零部件和元器件的顶层设计进行系统研究和科学规划，政策支持的集中度不高，缺乏专项计划集中扶持。国家政策性支持投资强度低，又不集中、不连续，忽视基础研究，急于求成，急功近利，往往事与愿违，输在观念和认识上。

高技术人才流失严重，技术进步缓慢

目前，基础件和元器件产业还存在对高技术人才重视不足，人才流失严重。各大著名跨国公司和国内一些企业盈利能力强，市场前景好，高薪、优厚待遇和良好环境吸引人才向外企或其他领域流动，造成后继乏人，研发能力差。同样，以传感器行业为例，其行业经济基础、技术基础、产业基础较为薄弱，加之传感器产业涉及学科多，要求知识面广，新技术层出不穷，长期以来很难吸引国际顶级人才投身到传感器行业工作；国内由于学科设置不合理，缺少复合型人才培养机制，往往搞设计的不懂工艺、搞工艺的不明应用、懂应用的不晓设计，即使是我们自己培养的有用之才，由于待遇、职称等问题，加之跨国公司的高薪挖人，跳槽到外资公司或企业的人才流失现象屡见不鲜；缺乏既懂管理，又懂技术，还会经营的复合型人才，缺乏工艺人才和技能人才。

五、发展滞后的原因分析

对基础零部件和元器件的重视程度不足

由于基础件一般都是批量生产的产品，也有多品种、加工精度要求高的产品，因此对生产工艺及其装备要求高，投资大。国外多采用高效高精度的专机、生产线或柔性线，实现高效自动化生产。但是我国工业受长期以来形成的“重主机、轻配套”的思想影响，对基础件的投入力度不足，工艺和工艺装备水平不高，先进设备少而不配套，不能保证产品质量的一致性，影响产品质量上档次。同样，原材料质量差及其相关技术落后也会造成基础件质量的差距。例如，片式电阻器用的材料还需进口，轴承、紧固件、链条、弹簧、模具等产品所使用的钢材质量差、品种规格少，直接影响了基础件产品的质量，又如液压件铸件以及与液压件产品质量相关的电控技术落后，也直接影响液压件质量和可靠性。因此，为了改善基础件质量，加大对其配套设备和材料的投资力度势在必行。

尚未建立健全的创新体制

原有基础件技术创新体系的作用被逐步消弱，同时企业尚未成为技术创新体系的主体。主要表现，一是行业基础和共性技术研发体系缺失，科研机构改制后，削弱了行业服务功能，服务成本大幅度提高。二是行业技术研发投入明显不足，长期的引进掩盖了企业对技术开发的需求，一味的跟踪模仿很难突破常规。三是生产性服务体系发展滞后，难以满足关键基础件制造业日益发展的需要。

基础件生产企业大部分是中小企业，产品利润微薄，融资困难，根本缺乏开展研发的资金。而很大一部分电子元器件还是定制型产品，企业辛苦研发出来的产品客户并不需要，要么就是订单很少，所赚的钱少于研发投入，企业也就失去了技术创新的动力。我国电子元器件行业以企业为主体的研发体系有待完善。创新体制的不完善、不合理制约了电子元器件行业技术革新的能力，造成的后果是，研究的成果要么不适应企业和市场的需要，要么就是被束之高阁，无法转化为实际生产成果。

人才培养和管理机制不完善

创新型人才成长的营造环境尚未形成，国家在教育制度改革、学科设置、在职工程教育、技术资格认证等方面缺乏统筹规划和实施力度，职业基础和从业技能课程安排严重不足。崇尚求精、求实、求新，精于设计、善于攻坚的工程创新精神引导不够，面向工程实践的实习甚少，导致学生不能独立解决制造工艺实际问题。鼓励解决问题的奇思妙想、标新立异难成风气，具有源头创新能力的人才严重不足。构筑开放、包容、允许失败、有利于创新型工程科技人才成长的社会环境尚需时日。人才激励机制不到位、评价体系不合理、工艺人才不安心、产业人才不重视、科技人才不拔尖、人才部门所有和单位所有的禁区很难突破，人才培养和管理体制的缺陷对我国工业基础件的发展造成了极大的制约。对重点领域学科带头人、科技领军人才及紧缺人才缺乏引进和培养的常态化机制。

国家资金投入力度不足

改革开放以来，为了尽快提高人民的生活水平，加快工业发展进程，解决就业问题，我国用优于本土企业的条件吸引外商投资，外资企业大举进入我国。大量的由外资企业生产的机械零部件、电子和仪器仪表元器件产品为国内的组装工业实现了本地化配套，大大降低了整机产品的成本，我国的制造业和电子信息工业得以腾飞，培养了现在济南二机床、北京二机床、海尔、联想、华为、中兴等国际知名的整机品牌。但是，进入 WTO 之后，一些机械零部件、电子元器件和仪器仪表元器件产品的关税降低，甚至是零关税，国外的商业帝国得以大举进军中国市场。由于我国基础件本来就有先天的劣势，再加上在华的外资企业获得了强于本土企业的优惠条件，造成了我国基础件本土企业一开始就输在了起跑线上。由于基础件产业经济总量比主机产业小得多，产品品种规格繁多，龙头企业少，产业集中度低，存在的技术问题分散又不够高端，因而得不到足够重视。为了扭转我国基础件工业的落后状态，国家也给予了一定支持，但是存在总量少、强度低和不连续的问题。

军民双轨制的落后发展模式

基于国防安全的考虑，我国电子元器件行业独特的军民双轨制不再适应新的市场形势的变化。在军品领域，由于缺少有效的国际市场竞争，军工企业的产品技术不适应民品市场的需要，大多数发展不顺。而大部分民营企业虽然技术进步很快，完全有实力承担国防工业的任务，但其技术和装备外国元素太多，安全性漏洞和后门隐忧大，国防工业产品门槛高，审核严苛，而且订单少，付款周期长而不愿意进入。这就造成我国不少国有电子元器件企业严重依赖军工项目艰难度日，技术创新能力严重不足。而民营电子元器件企业又无法像美国、欧洲的大企业那样，进入高利润、高附加值的高端产品领域，企业发展同样受限。

六、工业核心基础零部件和元器件发展趋势

从我国工业核心基础零部件和元器件的发展现状来看，由于机械、电子和仪器仪表领域存在各自不同的发展历程和趋势，且从技术和市场的角度而言又各自具有自身特点，造成不同领域基础零部件和元器件的发展趋势大相径庭，下面就三个主要领域展开论述。

机械零部件发展趋势

1. 技术发展趋势

主机装备行业的快速发展，不仅为关键基础件制造业提供了巨大的发展空间，也对关键基础件制造业的技术水平提出了越来越高的要求。以信息技术、新材料技术为代表的高新技术的发展，有力地促进了关键基础件产品朝着高性能、长寿命、模块化、绿色化的方向发展；在多元化需求的拉动下，产品个性化特点突出，技术含量越来越高；随着基础材料、基础工艺及装备有效供给能力的提升和关键技术的突破，标准化的基础件仍是机械基础件的主流，高端基础件的内涵将发生深刻的变化。

（1）产品技术与高新技术相互融合

产品技术与以信息技术、新材料技术为代表的高新技术的相互融合，有力促进推动关键基础件产品结构的优化与升级。一方面，传感器、计算机技术、微电子技术、数字控制技术的融入和新材料的应用，不仅提高了产品的

性能指标，增强了其功能，还使之具有“智能”，进而满足现代整机发展的需求。另一方面，CAD/CAM/CAE 的普及与应用，不仅减少了产品的设计、制造周期，大大提高工艺和装备的水平与生产效率；而且有助于工序能力指数提高，保证产品质量的一致性。

（2）模块化、组合化、集成化技术得到高度重视

随着市场竞争的日趋激烈，在保证主机性能的前提下，效率成为决定竞争成功与否的重要衡量指标。一是出于为缩短设计周期、降低生产成本、便捷维修保养考虑；二是基于产品功能特性的匹配及相互影响，追求无缝衔接、轻量化、高可靠性和等寿命，人们越来越重视零件或部件的性能可获取和一致性，从源头考虑产品的通用互换和可把控性，模块化、组合化、集成化技术不断发展。

（3）高性能和环保成为行业发展的主题

随着“极端制造”的基础理论与方法和制造技术的不断突破，高性能成为衡量关键基础件竞争力的重要指标。同时，人们也更加关注产品及其制造过程的环境友好性。机械基础件制造涉及铸造、锻造、热处理、表面处理、焊接、金属切削等机械加工工艺，生产过程消耗的能源和原材料相当可观，产生和排放的污染物离散、组分复杂。另一方面，作为一个配套行业，机械基础件产品使用过程中仍需要消耗能源，并且要满足主机装备面临的节能减排法规要求。

（4）广泛采用新材料、新工艺

机械基础件是传统产品，其技术创新多为集成创新，主要体现在产品集成设计、品种多样、规格扩充、结构优化、材料优选和工艺革新以及再制造和可维修性上。如，新型结构材料、少无切削精密成型、陶瓷喷涂、高强度粉末冶金成型、3D 打印技术等。

2．市场和产业发展趋势

现代机械基础件应以数字化技术为基础，在互联网、物联网、云计算、大数据等信息技术的支持下，制造业产业模式将发生革命性变化。西方提出

的第三次甚至第四次工业革命，更多的是从产业模式的角度考虑的。从国外机械基础件发达国家的产业模式看，近几年的发展已显示出如下一些趋势。

（1）构建精细化分工的企业集团

掌握核心技术的大型机械基础件的集团成员大部分是细分的专业生产厂，按机械基础件的研发对象、产品种类、相关工艺等设置研发中心和专业化生产厂，实现高精高效的设计与制造。产品尽可能种类齐全，达到“应有尽有”，方便用户快速方便地组建成套系统。过去不主张机械基础件行业企业的“大而全”模式，一方面是基于独立的纯生产型企业而言，“大而全”会导致战线拉得太长，管理和市场运作难度加大，效益率低下，资源浪费；另一方面，我国缺少基础件集成商，而贸易商只关心市场，技术能力较差，不具备集成服务的能力，制造企业各自为战，缺少集团化企业。现在不同了，着眼全球战略，嫁接现代信息技术，服务范围可以“大而全”，但生产工艺布局必须“专、精、特”。以资本配置为纽带的集团式架构将形成大集成，通盘考虑顶层设计，科学布局集成创新，合理安排生产调度，有效利用社会资源。

（2）企业功能集研发、制造、销售、服务为一体

机械基础件企业是生产型服务业，要想得到全面而快速发展，大中型企业正在走向“产品+服务”的模式，正在从单纯的产品制造商向系统集成和服务商转变，以获取最大的利润。“制造业数字化智能化”带来的产品技术、制造技术与管理技术的进步，使企业具备了快速响应市场需求的能力，形成了适应全球市场上丰富多样的客户群，实现远程定制、异地设计、协同生产的新型生产模式。集研发，制造，销售，服务为一体的企业功能，正是面对产业模式根本性变革的需要，履行这些功能的人员，必须具备相应的专业技能。现代基础件制造企业服务向上下游延伸，对上游提出更精准的需求，以获得更优质的产品和服务；参与下游产品的研发，了解更多的需求信息和配套技术，合理配置资源，形成上下游牵手，紧密合作，形成双赢多赢局面。

（3）大力推行企业信息化

企业信息化是广泛利用信息技术，使生产、管理和服务实现信息化。大致分三个层次：生产应用电子信息技术，实现生产自动化；企业生产、销售、财务等数据的自动化、信息化；用现代信息技术提升机械基础件产品的同步

研发、精益生产和及时交付能力。

在研发领域，运用 CAD（计算机辅助设计）和 CAE（计算机辅助分析）技术，缩短新产品研发周期，实现与主机厂的同步研发；在生产领域，广泛应用 CAPP（计算机辅助工艺过程设计）、CAM（计算机辅助制造）、制造执行系统（MES）等先进技术，推动传统生产系统向 FMS（柔性制造系统）、CIMS（计算机集成制造系统）升级转型；在管理领域，要将现代信息技术融入企业管理全过程，特别是与精益生产、敏捷制造、并行工程、流程重组等管理实践相结合，着力建设 ERP（企业资源规划）系统，实现物流、资金流和信息流的有效集成；在商务领域，重点推行电子数据交换、供应链管理、客户关系管理和电子商务技术，实现原材料采购、产品研发与制造、产品销售的高效率。通过现代信息技术的广泛应用，促进机械基础件产业的研发协同化、生产现代化、管理科学化、配套全球化。

（4）加强品牌建设，提高企业知名度

当前，我国机械基础件产品市场已经从商品消费进入品牌消费，企业之间的竞争越来越体现为企业品牌之间的竞争；实现从 制造大国向制造强国的战略转变，全面提升我国机械基础件企业的品牌力势在必行，品牌建设是企业和行业的事情，同时也是国家发展的大事，品牌战略已经成为国家战略的重要组成部分。品牌是一个企业的灵魂，企业品牌有了知名度就具有凝聚力与核心竞争力，并成为发展的动力。企业品牌的建设，要以诚信为基础，产品质量和产品特色为核心，才能培育市场信誉和认知度，企业的产品才有市场占有率和经济效益。

电子元器件发展趋势

1. 技术发展趋势

（1）片式化无源元件的范围逐步扩大并向超小型化发展

片式化已成为衡量无源元件技术发展水平的重要标志之一。以往片式化元件主要集中在电阻器、电容器、电感器、频率控制元件等几大类产品中，随着整机产品的小型化、便携化和多功能化，以及表面贴装技术的进步和广泛应用，其他许多类型的电子元件产品，如连接器、继电器、开关、蜂鸣器、扬声器、延迟线、变压器、传感器等，也出现了相应的片式化产品，在未来几年将逐渐成为市场主流。同时，最早进入片式化领域的阻容元件等产品，随着工艺水平的不断进步，逐渐向微型化发展。

（2）传统引线型无源元件的小型化步伐进一步加快

除了向片式化发展以外，电子整机产品的日益多功能化和便携化，要求传统引线型电子元件产品在保持原有性能的基础上不断缩小元件的尺寸。随着材料和制造工艺的提高，传统引线型电子元件产品的小型化步伐在迅速加快，一些超小型的电子元件产品已经研制成功，部分产品已经商业化。

（3）无源元件集成技术发展迅速

近年来，随着低温共烧陶瓷（LTCC）等无源集成技术的飞速发展，无源元件的集成化趋势正在加快。作为新型的电子元器件，混合集成电路把各种无源元件、有源器件集成在陶瓷基板的膜集成电路上，组成具有特定电路功能甚至系统功能的高可靠、高密度和高性能的电路模块。

近年来，LTCC 技术发展迅猛，实现了内埋电阻、电容、电感和微带元件的 60 多层的互联基板。而且该技术也引伸到元件制造领域，实现了电阻、电容、电感、变压器、微型天线和各种射频元件的无源混合集成。无源集成技术的实用化和产业化将成为本世纪电子元件行业技术革命最显著的特征，彻底改变电子元件行业的传统格局。

（4）电子元器件的极限性能和环保要求提高

随着电子设备的数字化，电子元件的精度越来越高。超高或超低电压、高频、高温、高精度、高可靠、高稳定性的宇航级电子元件产品将不仅应用于航空航天、武器装备等高端市场，而且还将越来越多的应用于民用领域。

电子整机产品是否节能环保，与其使用的电子元件产品息息相关。一方面，各国环保政策日益严格，将出现更多的改用新型环保材料、更低电磁辐射的电子元件产品。另一方面，从节能的角度，一些高效节能的电子元件产品，如低功耗的电子变压器、节能型微特电机等产品将逐渐成为市场主流。

2. 市场和产业发展趋势

（1）自动化和机器人技术的普及速度将加快

由于我国人力成本不断提升，同时市场对电子元件产品精密化程度的要求越来越高，全球电子元件行业，已经达到全面进行自动化升级的阶段，在未来 10～20 年间，自动化技术、机器人技术，甚至 3D 打印技术都将逐渐在电子元器件制造业内获得应用和普及。

（2）全球电子元器件制造业的第四次转移浪潮将开启

从全球电子元器件行业的发展历程来看，经历过欧美—日本—亚洲四小龙—中国大陆三次大的产业转移。目前，随着我国人口红利的消失，由我国转移至东南亚等新兴国家和地区的第四次大转移也必将来临。但是，第四次产业转移与前几次将更为复杂，因为我国本身拥有全球最大的市场，工业配套完善，产业链齐全，而且政治稳定，所以，预计此次产业转移会历时更长，如果我国电子元器件产业的转型升级成功，沉淀下来的优秀电子元器件企业会更多、更强。

（3）市场竞争从规模的竞争转向技术和标准的竞争

随着电子元器件技术的飞速发展，产品的生命周期在缩短，而人力成本的增长也将使规模扩张的风险大大增加。通过技术的创新和标准的建立将可以占到行业金字塔的顶端，无需从事具体产品的生产，单靠专利费就可以获得远高于生产环节的利润。因此全球各大电子元器件行业的顶尖企业无一不在技术研发上投入巨资。

（4）行业间的融合速度加快

在电子元器件行业内，由于技术的不断融合，无源元件与有源器件之间的界限已经模糊，生产传统无源元件的企业也在通过半导体、光电子等新技术对自身产品进行升级，有些优秀企业也切入到集成电路等行业的生产之中。同样，也有集成电路等有源器件的企业也渗透到无源元件行业之中。另外，大型的电子整机企业通过垂直整合，进入上游的电子元器件行业，以确保自己供应链的安全；也有电子元器件行业的企业为寻求更高的产品附加值，深入下游整机电子行业，同样取得不少成效。在这样的行业交叉融合过程中，电子元器件与下游整机行业、上游材料设备行业互相学习、交流，大大加快了技术的进步。

仪器仪表元器件发展趋势

1. 技术发展趋势

（1）仪器仪表元器件逐步系统化

以传感器为例，不再将传感器或传感技术作为一种单独器件或技术考虑，而是按照信息论和系统论要求，应用工程研究方法，强调传感器和传感技术发展的系统性和协同性。将传感器置于信息识别和处理技术的一个重要组成部分，将传感技术与计算机技术、通信技术协同发展。智能网络化传感器正是这种发展趋势的重要标志之一。

（2）对理论创新的依赖程度增大

主要包括利用新原理、新效应、新技术。如利用纳米技术，制作纳米传感器，与传统传感器相比，尺寸减小、精度提高、性能大大改善，为传感器的制作提供了许多新方法。利用量子效应研制具有敏感某种被测量的量子传感器，具有高速（比电子敏感器件快 1000 倍）、低耗（能耗比电子敏感器件低 1000 倍）、高效、高集成度、高效益等优点。利用新材料开发新型传感器。如利用纳米材料，制作的 Pd 纳米 H_2 传感器、金纳米聚合物传感器、碳纳米聚合物传感器、电阻应变式纳米压力传感器。研发特种用途、特种环境、特殊工艺的传感器。如在高温、高压、耐腐蚀、强辐射等环境下的传感器。

（3）微型化

自动化领域和工业应用之需要，要求传感器本身的体积越小越好。传感器的微型性是指敏感元件的特征尺寸为 mm→μm→nm 类传感器。这类传感器具有尺寸上的微型性和性能上的优越性，要素上的集成性和用途上的多样性，功能上的系统性和结构上的复合性。传感器的微型化不仅仅是特征尺寸的缩微或减小，而是一种有新机理、新结构、新作用和新功能的高科技微型系统。其制备工艺涉及 MEMS 技术、IC 技术、激光技术、精密超细加工技术等。

（4）智能化和网络化

传感器的智能化是指传感器具有记忆、存储、思维、判断、自诊等人工智能。其输出不再是单一的模拟信号，而是经过微处理器后的数字信号，甚至具有执行控制功能。技术发展表明，数字信号处理器（DSP）将推动众多新型下一代传感器产品的发展。美国圣何塞的 Accenture 实验室，研究出一种叫“智能尘埃”的传感器。该传感器极其微小，能测温度、湿度、光等参数，该传感器中嵌入了微处理器、软件代码、无线通信系统，可以喷洒到树上或其他物体上，当检测到异常时，能发出信号，对所在地区进行监测。

无线传感器网络是由布设在无人值守的监控区内，具有通信与计算能力的微小传感器节点组成，根据环境自主完成指定任务的“智能”自治测控网络系统。

2. 市场和产业发展趋势

我国仪器仪表行业步入了新的战略时期，面临更加复杂严峻的新形势，也迎来了新的战略机遇期。

仪器仪表元器件的主体是传感器，其产业发展趋势如下。

①产业化模式向国际合作方向发展。要加速形成从传感器研究开发到大生产一条龙的产业化发展模式，走自主创新和国际合作相结合的发展道路，使我国成为世界传感器生产大国，逐渐向生产强国跨越。产品结构向全面、协调、持续方向发展。产品品种要向高技术、高附加值倾斜，尤其要解决产品“空芯化”问题。

②生产规模向规模经济或适度规模经济发展。量大面广的通用传感器的生产规模将以年产亿只计，中档传感器的生产规模将以年产 1000 万只计，

高档传感器和专用传感器生产规模将以年产几十万只～几百万只计。

③生产格局向专业化方向发展。其内涵为生产传感器门类少而精；专门生产某一应用领域需要的某一类传感器系列产品，以获取较高的市场占有率；各传感器企业的专业化合作生产。

④生产技术向自动化发展。传感器门类、品种繁多，所用敏感材料各异，决定了传感器制造技术的多样性和复杂性。广泛采用 CAD、CAM 先进的自动化装备和工业机器人，实现生产过程全自动化。

⑤企业的重点技术改造应加强从依赖引进技术向引进技术的消化吸收与自主创新的方向转移。

⑥企业经营应从单体经营向集成化经营模式发展，从国内市场为主向国内、国外两个市场相结合的国际化方向跨越发展。

⑦企业结构将向“大、中、小”并举、“集团化、专业化生产”共存的格局发展。加速传感器产业化和规模化生产，必须突破制备工艺瓶颈，攻克核心技术，研发批产工艺装备和测试系统，采用标准制造和国际前沿技术，才能打开传感器的广阔应用领域。

七、加强“核心基础零部件和元器件”的战略设计

核心基础零部件和元器件在每台整机装备中应用种类很多，数量很大，经过长期的优化，价格被挤压到了很低水平，其在主机装备成本中占的比例很小，基础件产业的直接经济效益比许多主机产业低得多，因而长期得不到足够的重视。电子行业中也长期存在轻元件重器件的现象，导致微型电阻器、电容器，高性能缆线信号线等领域的发展严重营养不良。重主机轻配套基础件的现象，已经将国内高端基础件市场让给了外国企业，形成了国内基础件严重落后主机的现状。目前仅靠行业企业自身的发展解决不了主机装备和基础件之间的“先有鸡还是先有蛋”的问题。实践证明，不依靠市场规律发展

的“振兴”是典型的计划经济模式，注定不能成功，但对基础件没有国家“战略支持”，注定在与国外的水平悬殊的竞争中失败。因此，要实现我国从“制造大国”到“制造强国”的升级发展，必须将加强基础零部件和元器件的整体布局，把其列为“国家目标”，成为“国家战略”项目。

同时，必须清醒的看到，我国高端基础件和元器件存在的问题反映了产业的短板所在，基础不牢、信息不畅、运作不精的问题普遍存在。我国基础件产业经历了产能快速增长，普遍把目光盯在扩充地盘，行业和企业都缺少足够的技术积淀，更谈不上技术储备，点对点的政府支持，分散的攻关，收效甚微。大学和研究院所忙于获取自身经济效益，部分原来的行业服务者变成了行业竞争者，面向行业的成果少，高昂的服务费用让中小企业望而却步，基础共性技术和数据获取难。历年的监督抽查结果表明，我国基础件产品质量堪忧，合格率不高，包括一些大型企业达不到标准要求的情况也并非个案，究其原因，大都是平时管理中质量让步于市场。一些国家支持项目验收结论停留在基本完成任务书的要求，在高端方面上不去的诸多原因中，人们往往忽视了运作不精的问题，连中低端都做不好，勉强靠攻关做点“高端”产品，实际应用却很少，无法推广，成为孤品。

建立以创新为综合动力的发展模式

党的十八大做出了实施创新驱动发展战略的重大部署，强调科技创新是提高社会生产力和综合国力的战略支撑，必须摆在国家发展全局的核心位置。同时，创新是工业发展的引擎，是结构调整优化和转变经济发展方式的不竭动力，必须摆在工业发展全局的核心位置。

进入 21 世纪以来，信息技术、生物技术、新材料技术、新能源技术广泛渗透，这是科技创新引发的新一轮工业革命。一些重要科学问题和关键核心技术已经呈现出革命性突破的先兆，带动了关键技术交叉融合、群体跃进，变革突破的能量正在不断积累。基础零部件和元器件产业的创新发展战略，就是要面对国家的重大需求、面对国民经济的增长点、始终引领和坚守科技改革和创新的前沿阵地。实现自主创新和技术引领。

要实现基础件产业的快速发展和繁荣，最根本的是增强自主创新能力，把前沿技术和关键核心技术牢牢地掌握在企业和科研机构的手中。当前，我国工业国际竞争力已经得到了显著的提高，部分细分产业已经接近甚至跻身世界先进行列，部分企业已经具有了与国际知名企业分庭抗礼的能力和实力。此时，模仿跟踪的技术改革之路已经无法为行业和企业提供足够的驱动力。引进、消化和吸收只能实现对前沿技术的跟踪，只有通过自主创新才能实现超越。密切跟踪、理性判断世界科技发展的趋势，认清差距，找准问题，聚集优势力量瞄准突破口和主攻方向。坚持自主创新研发，着力攻克一批工业基础件的关键核心技术，突破原创，占据技术制高点。科技发展呈螺旋形上升，随着技术进步和需求变化，难关被逐一攻破，昨天的难题在今天成为常规，昨天的高端成为今天的大众，新的难题又会出现，要及时发现，着力破解。

重点突破与整体提升相结合

基础零部件和元器件产业的技术进步不是一蹴而就的，需要长期的人员、技术、管理等方面的积累，而且，它是整个工业的基础，零部件自身产业链上的整体提升是根本。如果考虑通过国家战略的实施，首先就要有权威而明确的，且主机装备市场认可的基础件产品发展规划，各方面投入不能集中在企业增加产能上，而要在关键的设计与制造核心技术方面，进而有效地解决零部件的瓶颈问题。要重视将基础工艺、基础材料发展与基础元件同步，当前我国的基础制造工艺、原材料等问题突出。探索“官、产、学、研、商”的高效合作模式，不能各自为政，要集中资源重点突破，改变机制实现共享。

1. 在市场竞争的基础上注重政府引导

基础件是一个市场充分竞争的行业，国际大型基础件企业充分进入各地市场，凭借先进的技术、长期而丰富的应用经验和高质量的产品，垄断了高端零部件，获取了高利润，进而投入研发，良性的循环持续增强了自身的能力。国内零部件企业的规模小，数量多，产品利润薄，新产品新技术研发投入无法与国际大企业相比，因此，单纯靠市场竞争，没有获胜的可能。加大供给侧改革力度，通过政府引导和资本市场运作发力，组建混合所有制零部件大中型企业集团，资源优化配置，才有可能具备市场竞争的基本条件。政府主管部门、协会等组织要把控行业准入条件，减少无序的市场竞争，让骨干企业有更好的利润和精力发展高水平、高质量的产品。

充分利用国际收购、并购等方式，进入国际基础件产业体系，是提高我国零部件产业技术水平进步的有效方法，可以快速消化吸收国际先进技术，打破国外技术壁垒，实现技术引进的可持续。政府应大力支持国内企业“走出去”的战略，融入全球经济大市场，推进国际国内两个市场的融合。政府引导的关键在于有统一的发展思路、明确的发展目标，规划发展路径，营造发展环境。通过政府引导，加强产学研用结合，优化产业链布局，通过主配牵手，了解和熟悉主机装备的需求，才能研发出具有市场竞争力的产品。

2. 实施基础件振兴工程，实现可持续发展

基础件的振兴工程包括四个方面，分别是建立激励创新的政策环境，构建创新设计服务平台，形成共性技术服务体系，以及完善人才培养体系。通过建立一套完整的工程体系，保证我国基础件长期、持续和高速的自主式发展。

制定激励创新设计的财税政策，培育创新设计环境、助推创新产品市场推广。对自主开发完成的重大产品由国家财政和地方财政给予后补助和支持；加强对自主设计产品知识产权的保护；鼓励国家或地方政府主导投资的工程项目，优先采用自主研发的产品，将创新设计产品纳入政府采购目录。针对产业和市场需求，设立国家及地市级的创新设计大赛和设计奖项，激发

全社会的力量投入创新设计，形成重视创新的社会氛围。

搭建创新设计公共服务平台，吸引全球优势资源，聚集设计人才，开展创新设计及服务。同时促进和推动创新设计成果的市场化，政府应积极采购通过创新设计形成的基础性、战略性、高风险的具有中国自主知识产权的新式基础零部件和元器件。

产业共性技术供给体系缺位，已成为实现创新驱动战略的主要问题。整合现有共性技术服务资源，通过共性技术研究，建立分布式、网络化的共性技术研究体系，填补长期以来我国共性技术研究的缺位，从国家层面引导工业基础件领域前沿技术、基础性技术、关键共性技术、先进适用技术、技术标准的研发及基础支撑数据获取，支持基础共性技术的推广应用。

搭建各类人才培养平台，借力综合大学和职业教育学校改革，推动相关学科设置和教学内容优化，培育更多综合素质强、专业知识扎实的科技领军人才和适应产业升级发展的操作技能人才；积极推广校企合作共同培养的模式，通过校企间开展订单教育、集中培训、定向培养或委托培训的方式，加强急需人才培养和职业再教育；大型企业集团应成为培养学科教育和技能人才的重要实训基地。坚持自力更生培养和引进海外人才并重的方针，依托国家重大工程项目和重大科技项目培养工程科技领军人才；支持企业和教育、技术机构加大引进人才、引进智力的力度，采取多种方式积极引进科技领军人才和紧缺人才。

八、强化我国核心基础零部件和元器件的政策思考

中国制造 2025 等文件将加强工业四基作为我国实施制造强国战略的重要战略性部署，基础件是四基的重要组成部分，解决国产装备“空心化”和增加值收益低的关键。应当综合运用政策工具，加大政府投入力度和普惠性，建立和优化产业创新体系和标准化、质量、认证认可一体化的社会服务体系，

着力突破产业发展的前沿科学理论，研究和推广先进适用的成套基础技术，打破制约技术数据流动性的体制机制，营造良好市场环境，率先实现强国目标。

加强人才培育力度

坚持人才为本，加大人才培养和引进力度，引导高等学校、中等专业学校和职业技术学校重视制造业基础学科建设，鼓励大型科研机构建立研究生教育和博士后工作站，倡导企业与学校及科研机构联合开展职业教育和在职培训，形成多层次适用人才培养体系。营造有利于鼓励创新的研究环境，推动优秀创新人才群体和创新团队的形成与发展，吸引国外及留学高级人才创业就业。建立分配激励制度，充分调动科研人员的积极性和创造性。

同时加大各个高等院校、中等专业学校和职业技术学校对于基础件的重视，将基础件的重视程度提高到和主机相近的层次。有了质量更好的基础件才能够完成自主设计、自组装的质量更好的主机。

坚持自主创新，推出支持大中型企业高端发展政策

充分发挥技术创新的支撑和引领作用，着力解决影响基础件产品性能、质量和稳定性的关键共性技术，加强行业公共研发与服务平台建设，建立起以企业为主体、产学研用相结合的技术创新体系。产业共性技术是产业提高自主创新能力的基石，是核心竞争力的源头和保障。同时要加大大中型企业

高端发展的政策，引导这些企业向创新、高端器件方向发展，避免重复制作中低档基础件产品，这需要国家在以下方面做出改善。

（1）推进大公司战略，通过兼并重组形成有国际竞争力的世界级电子元件生产企业。

（2）按照产业链和创新链进行整体部署，推动企业发展现代制造服务业，同时延伸产业链，建设产品全寿命周期的服务体系和服务网络。

（3）集中研发力量和制造资源，降低重复投入造成的资源浪费，推进企业之间的重组整合，优化生产要素布局，培育形成具备国际竞争力的集团。

（4）创造有利条件，鼓励配套企业向“高、精、特、专”方向发展，构建完整的产业链，打造几个优势地区产业集群。

（5）利用产业园区的产业集聚优势，发挥地方发展仪器仪表产业的积极性，结合国家新型工业化产业示范基地创建工作，鼓励和支持拥有仪器仪表基础和优势的园区，按照产业链发展的要求，形成创新型产业集群，加速科技成果的转移转化。

（6）在产业园区，通过优选“种子企业”，给予相关政策扶持及资金配套等优惠，与高校、院所进行需求对接，帮助企业更快更好地形成新的“政、产、学、研、用”一体化发展模式，带动上下游配套产业发展。

（7）针对发展较好的行业领军企业，政府应通过政策支持有自主知识产权产品的技术开发和标准研发，向世界其它国家积极出口我国仪器，向世界输出我国取得的创新和产业化成果。

（8）国家应提供贷款、贴息贷款支持企业海外并购，并购可使企业站在更高的技术台阶上，并取得市场竞争优势，同时消除潜在的竞争对手。

制定向自主研发倾斜的财税、采购、分配政策

完善政府采购制度。如果基础件的性能指标能够满足需求，则应通过政

府采购购买国内产品，不能盲目攀高，采购进口器件。进一步加强科技税收政策在引导社会资源流入研发领域方面的作用。完善现有的科技税收政策，对于科技税收政策能够发挥优势但仍然处于空白的，应在战略高度合理布局和设计。制定鼓励主机厂采用首批国产关键零部件新品的优惠政策，对创新产品给与税收减免的优惠政策，要免除国内已能满足需求的基础零部件和元器件产品的进口税收优惠。

重点解决民营中小企业的扶持政策

民营中小企业的转型升级已成为整个基础件行业转型升级的关键，另一方面要通过资本市场、金融市场为中小企业的融资提供便利条件。建议由上级相关部门牵头出台相关的政策，并确定相关规范和实施细则，由行业协会开展具体工作，形成由行业协会进行筛选和推荐，引导一批有条件的中小企业在新三板等证券市场上市的模式，以尽快形成示范作用，疏通基础件中小企业的融资渠道。

九、参考文献

[1] 朱明皓，孙虎，邵立国. 工业基础能力托起中国制造 2025[J]. 赛迪专报，2014，8：46-49

[2] 古群. 电子元件：产量全球第一 创新步伐加快[J]. 中国电子报，2012，7

[3] 赵志诚，刘凯，郑浩. 传感器技术和产品发展的重点[J]. 仪器技术与传感器，2005,3:1-2

[4] 路甬祥. 创新设计与制造强国[N]. 人民政协报，2015-12-16

[5] 徐开先.传感器是国内物联网发展的瓶子[J].仪表技术与传感器，2010（12）：1-4

[6] 徐开先. 敏感元件及传感器发展建言[J].仪表技术与传感器，2009(增刊)：1-5

[7] 曾婷. 仪器仪表行业自主创新对第探讨[J].仪表技术与传感器，2011(5)：109-110

[8] 徐开先，徐秋玲，等. 仪器仪表元器件论文集.中国仪器仪表学会仪表元件分会（第五届）学术会议报告，2011

[9] 宋涛.小议离散传感器的现状及趋势.［EB/OL］.［2010-3-28］. www.mirautomation.com

[10] 徐开先，等. 推动传感器产业化进程.传感器，2011（2）：24-25

[11] 傅凤娇.自动化仪表市场未来发展趋势.［EB/OL］.［2010-9-19］. www.mirautomation.com

[12] 于海斌，曾鹏，等. 智能无线传感器网络系统［M］. 北京：科学出版社，2006

[13] 刘君华. 智能传感器系统［M］. 西安：西安电子科技大学出版社，2010

[14] 徐开先. 实用新型传感器及其应用［M］. 沈阳：辽宁科技出版社，1995

附件：专家团队成员

感谢以下专家团队成员：

丁荣军	中国中车株洲电力机车研究所	院士
杨华勇	浙江大学	院士
屈贤明	中国工程院	教授级高工
徐　兵	浙江大学	教授
陈吉红	华中科技大学	教授
郑小年	武汉华中数控股份有限公司	教授

石照耀	北京工业大学	教授
温学礼	中国电子元器件学会	教授
王长明	机械通用零部件行业协会	教授
李冬茹	机械工业联合会	教授
董景辰	中国工程院	教授级高工
朱险峰	中国仪器仪表学会	教授
杨邦朝	中国电子科技大学	教授
叶甜春	中科院微电子所	教授
范茂军	中电科技集团公司	研究员
王晓东	大连理工大学	教授
杜洪敏	机械科学研究总院	教授级高工
刘向锋	清华大学	教授
王长路	郑州机械研究所	教授
何加群	中国轴承工业协会	教授
沙宝森	中国液压气动密封件工业协会	研究员
延建林	中国工程院	博士
杨建中	清华大学	副教授
赵嘉昊	清华大学	副教授
潘尚峰	清华大学	副研究员
杨晓迎	中国工程院	副研究员
邵珠峰	清华大学	副研究员
杜专家	清华大学	博士

3

关键基础材料

屠海令[1]　李腾飞　马　飞

[1]北京有色金属研究总院名誉院长、院士

一、关键基础材料的内涵及构成

关键基础材料是指先进工业制成品自身及其生产过程中所使用的支撑和关键材料，是先进制造业发展的基础。其中包括：①先进制造业中应用量大面广，但仍存在问题的材料；②影响经济安全和国防安全，必须自主研发的材料；③引领先进制造业未来发展，需要提前布局的前沿新材料。本文中关键基础材料涵盖了电子信息材料、新能源材料、关键化工新材料、建筑新材料、重大和高端装备用钢铁材料、高性能有色及稀有金属材料、无机非金属材料、特种纤维材料、生物医用和制药材料等（图 1）。

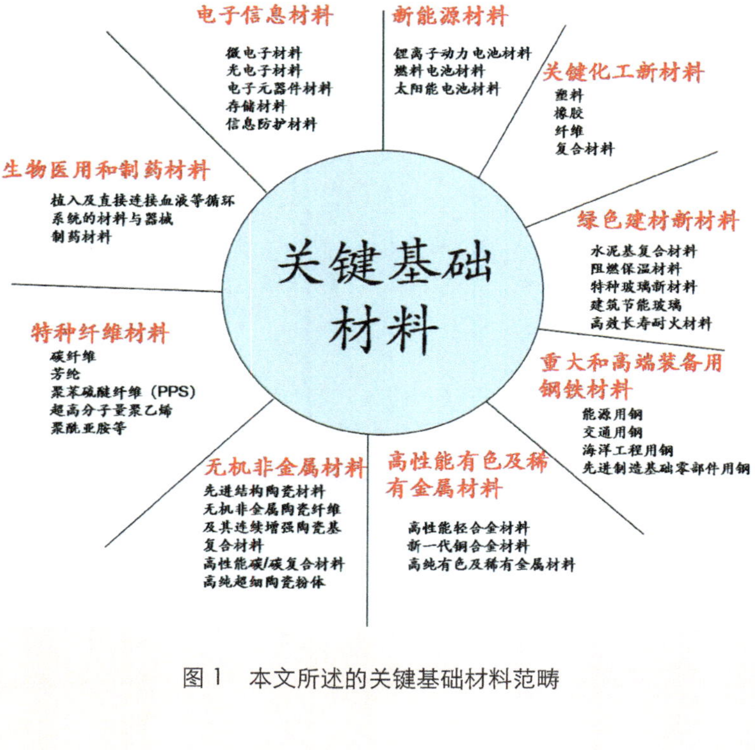

图 1　本文所述的关键基础材料范畴

二、近期国外关键基础材料发展概述

世界各国高度重视关键基础材料的研发与产业化

进入新世纪以来，世界各国对于关键基础材料产业的关注与重视达到了一个新的高度，纷纷制定相应的规划，在研发、市场、产业环境等不同层面出台政策，全面加强扶持力度，推动关键基础材料产业发展（图 2）。迄今为止，二十多个发达国家和新兴国家制定了与材料相关的新兴产业发展战略，启动了 100 余项专门计划。美国于 2009 年、2011 年和 2015 年三度发布《国家创新战略》，其核心理念是构筑“创新金字塔”，其中清洁能源、生物技术、纳米技术、空间技术、健康医疗、先进制造等国家优先发展领域都涉及关键基础材料。欧盟为实现经济复苏、消除发展痼疾、应对全球挑战，于 2010 年 3 月制定了《欧洲 2020 战略》，提出多个战略重点。2010 年，德国政府发布《创意、创新、繁荣：德国高技术 2020 战略》。2011 年 12 月，英国商业、创新与技能部发布了《促进增长的创新与研究战略》报告。日本 2015 年在《经济再兴战略》的基础上发布了《新增长战略》。巴西、印度、俄罗斯等新兴经济体采取重点赶超战略。韩国于 2009 年公布了《绿色增长国家战略及五年行动计划》和《新增长动力规划及发展战略》。各国还通过制定专项规划和行动计划，加大实施力度，支持材料重点领域优先发展。美、日、欧等国家和地区还分别推出了《“智慧地球”计划》、《大数据研究与开发计划》、《欧盟物联网战略研究路线图》、《数字英国》、《数字日本创新计划》等专项实施计划。巴西、印度、俄罗斯等新兴经济体则采取重点赶超战略，在新能源材料、节能环保材料、纳米材料、生物材料、医疗和健康材料、信息材料等领域制定专门规划，力图在未来国际竞争中抢占一席之地。上述规划都将关键基础材料作为发展产业的重要环节列为重点发展方向和发展领域，并以此作为新一轮工业革命的重要支撑（表 1）。

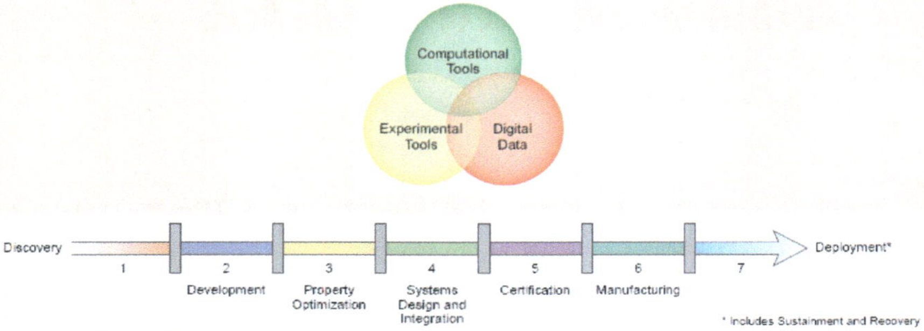

图 2　材料基因组技术三要素[1]

表 1　国外材料发展战略与计划[2]

国家	重点领域	相关战略、计划
美国	新能源材料、生物与医药材料、环保材料、纳米材料，先进制造、新一代信息与网络技术和电动汽车相关材料	先进制造业国家战略计划、重整美国制造业政策框架、先进制造伙伴计划（AMP）、纳米技术签名倡议、国家生物经济蓝图、电动汽车国家创新计划（EV Everywhere）、“智慧地球”计划、大数据研究与开发计划、下一代照明计划（NGLI）、固态照明研究与发展计划、国家制造创新网络战略计划
欧盟	低碳产业相关材料、信息技术（重点是物联网）相关材料、生物材料等	欧盟能源技术战略计划、能源 2020 战略、物联网战略研究路线图、欧洲 2020 战略、为可持续增长创新：欧洲生物经济、“地平线 2020”计划、彩虹计划、OLED100.EU 计划
英国	低碳产业相关材料、高附加值制造业相关材料、生物材料、海洋用相关材料等	低碳转换计划、英国可再生能源发展路线图、技术与创新中心计划、海洋产业增长战略、合成生物学路线图
德国	可再生能源材料、生物材料、电动汽车相关材料等	能源战略 2050：清洁、可靠和经济的能源系统、高科技战略行动 2020、生物经济 2030 国家研究战略、国家电动汽车发展规划
法国	可再生能源材料、环保材料、信息材料、环保汽车相关材料等	环保改革路线图、未来十年投资计划、互联网：展望 2030 年

续表

国家	重点领域	相关战略、计划
日本	新能源材料、节能环保材料、信息材料、新型汽车相关材料等	新增长策略、新国家能源战略、能源基本计划、创建最尖端 IT 国家宣言、下一代汽车计划、海洋基本计划、创新 2025 计划
韩国	可再生能源材料、信息材料、纳米材料等	新增长动力规划及发展战略、核能振兴综合计划、IT 韩国未来战略、国家融合技术发展基本计划、第三次科学技术基本计划、21 世纪光计划
俄罗斯	新能源材料、节能环保材料、纳米材料、生物材料、医疗和健康材料、信息材料等	2030 年前能源战略、2020 年前科技发展、国家能源发展规划、到 2020 年生物技术发展综合计划、2018 年前信息技术产业发展规划、2025 年前国家电子及无线电电子工业发展专项计划、2030 年前科学技术发展优先方向
巴西	新能源材料，环保汽车、民用航空、现代生物农业等相关材料	低碳战略计划、2012-2015 年国家科技与创新战略、科技创新行动计划
印度	新能源材料、生物材料等	气候变化国家行动计划、国家太阳能计划、“十二五”规划（2012-2017 年）、“2013 科学、技术与创新政策”
南非	新能源材料、生物制药材料、航空航天相关材料等	国家战略规划绿皮书、新工业政策行动计划、2030 发展规划、综合资源规划

高新技术发展促使关键基础材料不断更新换代

高新技术的突破，加快了技术向生产力的转化速度，同时也对关键基础材料提出新的挑战和需求。例如，随着微电子芯片集成度及信息处理速度大幅提高，特征线宽不断减小，对大直径硅材料的缺陷、几何参数、颗粒、杂质含量等参数要求更加苛刻。目前，12 英寸硅片可满足 14nm 技术节点的集成电路要求（各尺寸硅材料的消耗量（如图 3），18 英寸硅片已产出样片。此外，A_2B_7 型稀土储氢合金已经实现工程化，并将 AA 电池的容量提高到

2700mAh[3]。低温共烧陶瓷技术（LTCC）的研究开发取得重要突破，大量无源电子元件整合于同一基板内已成为可能[4]。伴随着先进材料研究技术的不断延展，也产生了诸多新兴产业。如氮化镓等化合物半导体材料的发展，催生了半导体照明技术；白光 LED（半导体发光二极管）的光效已达 276 lm/W（流明/瓦），远远超过白炽灯（15lm/W）和荧光灯（80lm/W），给照明工业带来革命性的变化。太阳能电池转换效率不断提高，其中晶体硅电池达到 23%，薄膜电池（a-Si，CdTe，CIGS）接近 20%，有机和染料敏化电池约 13%，极大地推动了新能源产业的发展。镁合金与钛合金等高性能结构材料的加工技术取得突破，成本不断降低，研究与应用重点由航空、航天以及军工扩展到高附加值民用领域，给汽车、电子等行业的发展带来了变革。生物医用材料的发展为世界范围内的患者带来福音，心血管系统修复材料和器械的使用和医疗技术的进步，使心脏病死亡率大幅下降；基于分子和基因等临床诊断材料和器械的发展，使肝癌等重大疾病得以早日发现和治疗；介入器械的研发则催生了微创和介入治疗技术[5]。

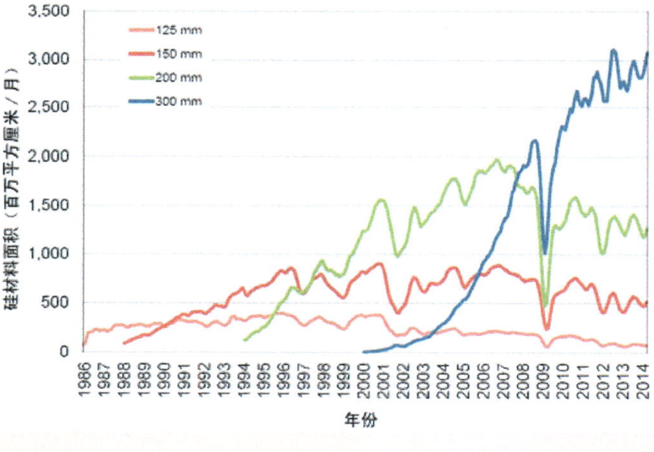

图 3　全球硅材料尺寸和产量的演化历史

绿色、低碳成为关键基础材料发展的重要趋势

为应对气候变化、资源短缺、生态恶化、重大疾病、粮食安全等全球共同的挑战，世界各国加速了关键基础材料的发展进程，并以绿色、低碳技术推动产业化，在追求经济指标的同时更加强调资源节约、环境保护、公共健康等社会目标，借此带动下一轮经济转型。以新能源为代表的新兴产业崛起，引起电力、IT、建筑业、汽车业、通讯行业等多个产业的重大变革，拉动上游产业如风机制造、光伏组件、多晶硅等一系列制造业和资源加工业的发展，促进智能电网、电动汽车等输送与终端产品的开发和生产。欧美等发达国家已经通过立法要求使用 LOW-E 等节能玻璃，大力促进节能建筑和光伏发电建筑的发展，目前在欧洲 80%的中空玻璃使用 LOW-E 玻璃，美国 LOW-E 中空玻璃普及率达 82%[6]。通过提高新型结构材料强韧性、提高温度适应性、延长寿命以及材料的复合化设计来降低成本、提高质量，如 T800 碳纤维抗压缩强度（CAI）达到 350MPa，使用温度达到 400℃以上并在大型飞机和导弹的主结构件中得到大量应用，减重超过 25%。功能材料向微型化、多功能化、模块集成化、智能化等方向发展以提升材料的性能，如纳米技术与先进制造技术的融合将产生体积更小、集成度更高、更加智能化、功能更优异、环境更友好的器件和系统。

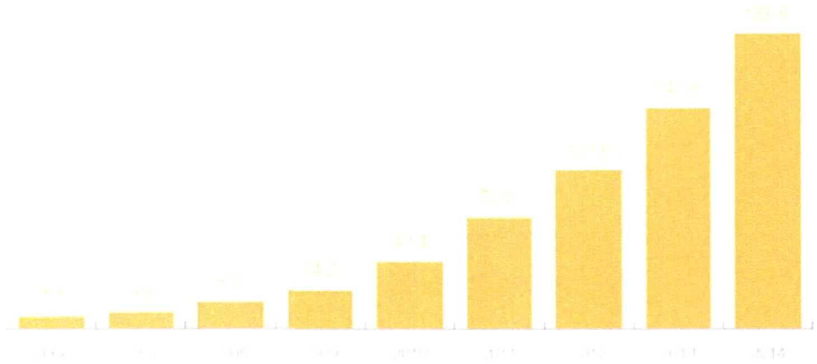

图 4　2006-2014 年全球光伏累计装机容量(GW)[7]

跨国集团在关键基础材料产业中占据主导地位

融入了当代众多学科先进成果的关键基础材料产业在新一轮科技革命和产业变革中扮演着重要角色，对于发展其他各类高技术产业具有支撑乃至先导作用。目前，世界著名跨国企业集团凭借其技术研发、资金和人才等优势不断向关键基础材料领域拓展，在高附加值材料产品中占据主导地位。信越、瓦克、SUMCO、SunEdison 等占据了国际半导体硅材料市场销售额的 80% 以上。半绝缘砷化镓市场 90%以上被日本的日立电工、住友电工、三菱化学和德国 FCM 分享。Dow Corning 公司、GE 公司、Wacker 公司和 Rhone—Poulenc 公司及日本一些公司基本控制了全球有机硅材料市场。Du Pont、Daikin、DN—Hoechst、3M、Ausimont、ATo 和 ICI 等 7 家公司拥有全球 90% 的有机氟材料生产能力。美国科锐（Cree）公司使用碳化硅衬底制备氮化镓基 LED 芯片的技术具有很强市场竞争力（图 5）。小丝束碳纤维的制造基本被日本的东丽纤维公司、东邦公司、三菱公司和美国的 Hexel 公司所垄断，而大丝束碳纤维则几乎由美国的 Fortafil 公司、Zoltek 公司、Aldila 公司和德国的 SGL 公司四家所垄断。美铝、德铝、法铝等世界先进企业在高强高韧铝合金材料的研制生产领域占据世界主导地位。美国的 Timet、RMI 和 Allegen Teledyne 等三大钛生产企业的总产量占美国钛加工总量的 90%，是世界航空级钛材的主要供应商。

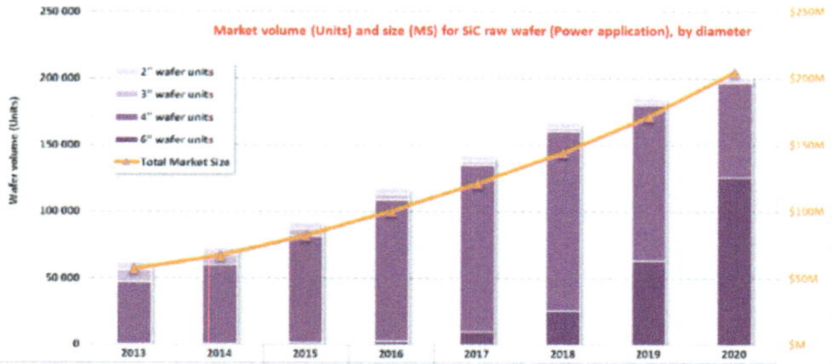

	2013	2014	2015	2016	2017	2018	2019	2020
2" wafer units	6 011	5 464	4 967	4 516	4 105	3 732	3 393	3 084
3" wafer units	9 103	7 003	5 387	4 144	3 187	2 452	1 886	1 451
4" wafer units	47 058	59 623	80 396	106 075	124 878	134 766	116 835	70 795
6" wafer units	211	540	1 104	2 479	9 786	25 647	63 410	125 748
Total Market Size	$ 57.2M	$ 66.9M	$ 82.0M	$ 100.5M	$ 120.9M	$ 144.2M	$ 171.7M	$ 204.6M

图 5　SiC 材料国际市场预测及产能分布

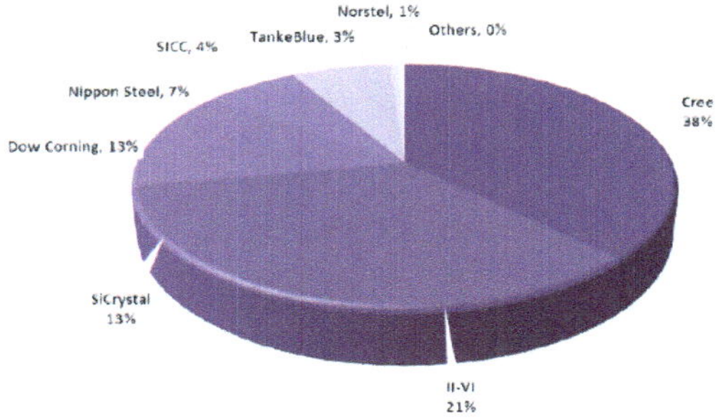

图 5　SiC 材料国际市场预测及产能分布（续）

三、我国关键基础材料发展现状

前沿技术不断突破，核心竞争力显著增强

提高自主创新能力、加强核心技术突破是推进工业强基、提高竞争力的关键环节。经过近二十年的发展，通过产学研用结合，我国关键基础材料的一批核心技术取得了突破，部分成果在相关领域进行了推广应用，显著提高了各应用领域的核心竞争力。大直径硅材料在缺陷、几何参数、颗粒、杂质等控制技术方面不断完善，300mm 硅材料可满足 65nm 技术节点的集成电路要求，无位错 450mm 硅单晶材料已成功制成。人工晶体材料经过多年的发展，BBO 和 LBO 等紫外非线性光学晶体研究居国际领先水平并实现了商品化（图 6），KBBF 是国际上唯一可实用的深紫外非线性光学晶体，并在我国首先成功装备先进的科学仪器，Nd:YAG、Nd:GGG 和 Nd:YVO_4 等激光晶体主要技术指标达到国际先进水平，实现了千瓦级全固态激光输出[8]。锂离子电池正极材料、负极材料、电解液均能满足小型电池要求，隔膜、电解质锂

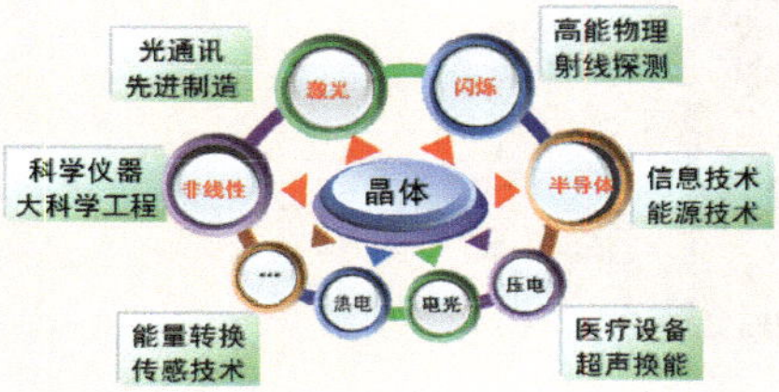

图 6 人工晶体的应用

盐等关键材料基本改变了依靠进口的局面。通过开展超高分子量聚乙烯纤维、卤化丁基橡胶以及高性能驱油聚合物等工业化技术开发，缩小了我国化工材料产业和国外发达国家的差距。自主开发了 G3 镍基油井管、镍基 690U 形管、Super304H、HRC3 耐热钢等关键钢铁材料，填补了国内空白。大型钛合金铸锭和锻件研制生产取得明显进展，钛合金材料研制、大规格钛合金材料加工等方面技术水平显著提高；C194、KFC、C7025 电子引线框架铜带实现产业化关键技术突破，达到万吨级生产规模。T300 级碳纤维实现了稳定生产，单线产能提高到 1200 吨，T700 级高性能碳纤维突破干喷湿法纺丝工艺，关键装备实现了自主设计和应用，大幅降低了生产成本；玄武岩纤维、聚苯硫醚纤维等产品性能达到国际先进水平。

材料升级换代加速，与国家重大工程结合紧密

随着环境保护和绿色低碳要求的进一步提高，我国逐步改变高投入、高消耗、高污染、低效益的传统模式，在提高资源能源利用效率、降低制造过程中的环境污染方面做出了不懈努力。产业转型升级过程中关键基础材料的产品结构得到调整，绿色环保材料的开发与应用力度不断加大。铝、钛、镁等轻质结构材料的使用和推广对能源、资源、环境的作用日益突出，自主研制的新型阴极结构高效节能铝电解槽，大幅度降低了电解铝的能耗，为节约能源作出了突出贡献。攻克了特殊钢专业化生产线共性关键技术问题，形成了先进的生产工艺流程，单位生产能耗大幅降低。实现了碳纤维复合材料在

航空领域的应用，有效减轻了装备重量，降低油耗和排放，节约了运营成本。发展了废旧纺织品、塑料等回收与资源化体系，调整化纤再生与循环产业结构与原料构成，大幅度提高优质产能与再生纺织品比例，科学推进再生与循环技术创新，建立了高品质、多功能、低能耗为特征的新一代化纤循环产业体系。

关键基础材料产业对民生安居、新能源环保和新一代信息技术等重大工程的顺利实施做出了重大贡献。建材新材料产业已经形成自身发展与国家重大工程相结合的发展模式，为绿色建筑、建筑节能、旧城改造、安居工程、新农村建设、防灾减灾及灾后重建等重大工程提供了重要支撑。镍氢动力电池、锂离子动力电池和燃料电池等新能源材料的技术进步，促进了电动车的发展（图 7），产品在北京奥运会、上海世博会和“十城千辆”等电动汽车示范运行中得到应用，为发展新型能源、减少环境污染起到了良好的示范作用。微电子材料的技术进步有力支撑了“十二五”期间科技重大专项的顺利实施，对国内集成电路和信息产业的健康发展起到了推动作用。通过产学研用结合，攻克了若干技术难关，钢的强度不断提高、韧性和塑性有了显著改善，重大和高端装备用钢铁材料品种和质量控制有了长足进步，有力地支撑了国家重大工程和高端装备制造的发展。

中国汽车动力电池技术路线图

		2015年	2020年	2025年	2030年
EV		推广应用 150-200km	300-400km	普及应用	500-600km
PHEV		推广应用		普及应用	
能量型电池系统	比能量	110 Wh/kg	250 Wh/kg	300 Wh/kg	500 Wh/kg
	比功率	420 W/kg	700 W/kg	1000 W/kg	1000 W/kg
	循环	2000 周	1000 周	2000 周	2000 周
	成本	2.20 元/Wh	1.00 元/Wh	0.70 元/Wh	0.70 元/Wh
功率型电池系统	比能量	70 Wh/kg	180 Wh/kg		
	比功率	1000 W/kg	1800 W/kg		
	循环	1500 周	3000 周		
	成本	3.00 元/Wh	1.50 元/Wh		
电池体系	分类	锂离子电池	新型锂离子电池		新体系电池
	正极	三元材料	高容量/高电压正极材料（如富锂锰基固溶体材料）		锂硫电池、锂空气电池、全固态电池等
	负极	石墨碳材料	高容量负极材料（如硅碳复合材料）		
	电解液	碳酸乙酯类有机电解液	耐高压有机电解液		
	隔膜	聚烯烃类隔膜	耐高温隔膜（如陶瓷隔膜）		
关键技术	电池系统	系统设计模型与工具、方法\能量管理、安全管理、可靠性管理\轻量化结构、小型化、电池管理系统\组装工艺等			
	单体电池	电池材料体系、电池设计、模型\高负载电极、组装、化成技术和工艺\涂层电极、PTC电极等固-液界面构造\安全性等			
	关键材料	材料结构稳定性、热稳定性、性能衰减\发展细分调节、结构控制、表面修饰备技术和工艺\材料设计等			
智能制造		数字化装备、智能化装置、信息化控制和网络化管理等智能制造技术\数字化产品设计和制造设计等智能化设计工具\材料基本数据库、工程数据库和产品数据库等。			
验证测试		产品功能、耐久性、环境适应性、安全性等产品设计验证测试及分析方法\产品一致性、质量评价、成本控制等产品制造设计验证测试及分析方法\产品试验、失效分析、全生命周期管理等产品应用验证测试及分析方法等			
共性技术		提高电池环境耐用性，以基础科学问题为重点内容，研究包括电池内部极化分布、性能衰减机制、多尺度/多维度电化学模型和原位分析方法、表面分析方法等。			

图 7　中国汽车动力电池技术路线图

产业规模不断扩大，区域特色逐步显现

近年来，我国战略性新兴产业迅速发展，先进制造、新一代信息技术、生物医药、新能源等重点产业及其新业态逐步成长壮大。作为战略性新兴产业先导的新材料产业，2015 年产业规模超过 1.7 万亿元，同比增长 20%以上。稀土功能材料、先进储能材料、光伏材料、超硬材料、特种不锈钢、玻璃纤维及其复合材料等产能居世界前列。2014 年半导体硅材料产量达到 4 亿平方英寸，相比 2010 年增长 23%。半导体照明产业初步形成了从上游外延材料生长与芯片制造、中游器件封装及下游集成应用的比较完整的研发与产业体系，2014 年产业总体规模超过 3000 亿元，2015 年预计将超过 5000 亿元。2014 年特钢钢材产量 1.15 亿吨，同比增长 2.2%（图 8）。2014 年有色金属加工产业规模增长迅速，铝材、铜材产量分别达到 4846 万吨和 1784 万吨，同比增长 13.3%和 18.6%。

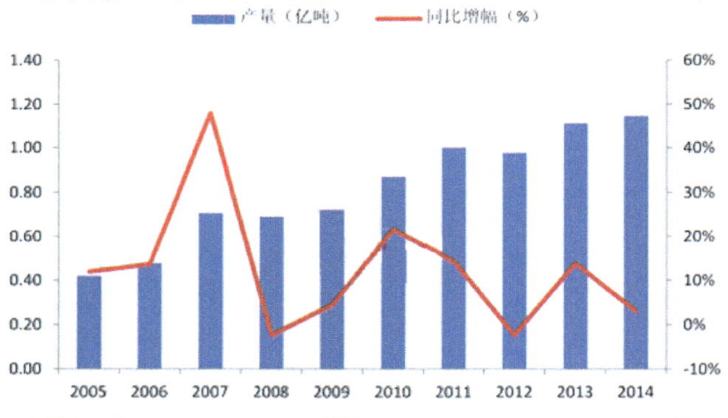

图 8　2005-2014 年中国特钢钢材产量[9]

在规模不断增长的同时，国家相关部门为提高材料产业发展水平，鼓励在现有地域空间上进行资源整合，积极推动产业基地建设，材料产业的区域特色逐步显现。在特钢材料方面，形成了东北（龙头企业：东北特殊钢集团公司等）、华北（龙头企业：天津钢管公司等）、华东（龙头企业：中信泰富

特钢集团、宝钢股份特殊钢公司等）、华中（龙头企业：大冶特殊钢公司等）、西南（龙头企业：攀枝花钢铁公司等）等区域发展格局。此外环渤海、长三角、珠三角地区依托自身的产业优势、人才优势、技术优势形成了较为完整的新材料产业体系；中、西部地区则基于原有产业基础或资源优势，发展本地区的新材料产业；诸如长江三角洲、珠江三角洲、环渤海地区三大石化化工基地和上海、天津、南京、宁波、惠州等具有国际水平的工业化园区；青岛、宁波等地的化工新材料产业基地；深圳、威海的生物医用材料产业；包头的稀土新材料、云南和贵州的稀贵金属新材料、广西的有色金属新材料产业，重庆、西安、金昌、长株潭、宝鸡及太原等地的航空航天材料、能源材料及重大装备材料，徐州、洛阳、连云港的硅材料产业等[10]。

政策环境持续优化，宏观指导不断加强

近年来，国家有针对性地陆续出台了一系列与材料领域相关的专项规划来支撑产业的发展。国务院、发改委、工信部、科技部等有关部委发布了《关于加快培育和发展战略性新兴产业的决定》、《“十二五”国家战略性新兴产业发展规划》、《新材料产业“十二五”发展规划》以及《“关键材料升级换代”重大创新发展工程》等宏观产业发展规划，同时针对具体领域发布了《国家集成电路产业发展推进纲要》、《关于进一步鼓励软件产业和集成电路产业发展的若干政策》、《电动汽车科技发展“十二五”专项规划》、《节能与新能源汽车产业发展规划（2012—2020 年）》、《国务院关于促进光伏产业健康发展的若干意见》、《高品质特殊钢“十二五”科技发展专项规划》、《钢铁工业“十二五”发展规划》、《纺织工业“十二五”发展规划》、《纺织工业“十二五”科技进步纲要》等多个专项规划，进一步明确了关键基础材料产业发展的目标和任务并细化到具体产品、技术和装备，落实到重大工程，为企业决策、政府配置公共资源以及战略新兴产业的健康发展奠定了基础（表 2）。

表 2　中国关键基础材料相关发展规划

年份	发展计划	涉及新材料相关领域
2010	《国务院关于加快培育和发展战略性新兴产业的决定》	高性能复合材料、先进结构材料、新型功能材料
2011	《当前优先发展的高技术产业化重点领域指南（2011 年度）》	纳米材料、核工程用特种材料、特种纤维材料、膜材料及组件、特种功能材料、稀土材料等
2011	《国家“十二五”科学和技术发展规划》	新型功能与智能材料、先进结构与复合材料、纳米材料、新型电子功能材料、高温合金材料、高性能纤维及复合材料、先进稀土材料等
	《新材料产业“十二五”发展规划》	特种金属功能材料、高端金属结构材料、先进高分子材料、新型无机非金属材料、高性能复合材料、前沿新材料
2012	《半导体照明科技发展“十二五”专项规划》、《高品质特殊钢科技发展“十二五”专项规划》、《高性能膜材料科技发展“十二五”专项规划》、《医疗器械科技产业“十二五”专项规划》、《节能与新能源汽车产业发展规划（2012—2020 年）》、《有色金属工业十二五发展规划》、《钢铁工业“十二五”发展规划》、《纺织工业“十二五”发展规划》、《纺织工业“十二五”科技进步纲要》等	半导体照明材料、高品质特殊钢材料、新型轻质合金、膜材料、生物医用材料、锂离子动力电池材料、高性能纤维材料等
2013	国务院《国家集成电路产业发展推进纲要》、《能源发展“十二五”规划》、《关于加快发展节能环保产业的意见》、《大气污染防治行动计划》、《国务院关于促进光伏产业健康发展的若干意见》	大尺寸硅、光刻胶等集成电路关键材料、太阳能电池材料、锂离子动力电池材料
2014	《关于加快新能源汽车推广应用的指导意见》	锂离子动力电池材料
2015	《中国制造 2025》	特种金属功能材料、高性能结构材料、功能性高分子材料、特种无机非金属材料和先进复合材料

存在的问题

自改革开放以来，我国关键基础材料产业取得了长足的进步，产业规模持续扩大，产业技术水平不断提升，在个别领域已经处于国际领先水平，产业集聚区加快布局，宏观发展环境积极改善，为下一步加快发展奠定了坚实基础。但总体来看，我国关键基础材料与世界先进水平相比仍有较大差距，发展过程中还存在一些突出的矛盾和问题，主要体现在以下五个方面。

1．原始创新能力不足，基础支撑体系不健全

我国关键基础材料原始创新能力不足，缺乏不同学科之间的深层次交流和原创性的研究。企业作为创新的主体，参与创新研发少、跟踪仿制多，使得“中国制造”产品中缺乏“中国创造”元素。目前我国关键基础材料未形成大批具有自主知识产权的材料牌号与体系；通用基础原材料的国家及行业标准、统一的设计规范和材料工艺质量控制规范尚不完善；缺乏符合行业标准的材料结构设计/制造/评价共享数据库。例如我国是世界锂离子电池生产大国，但所涉及的数千种材料一直处于分散状态，未形成相关数据库和检测标准体系，严重制约了高端锂离子电池产业的发展。此外，我国关键基础材料配套的装备工程化水平和制造能力不高，产品性能及稳定性难以保证，而全面引进装备导致产品成本居高不下，可持续发展能力不强。

2．共性技术研发能力不强，高端产品自给率不高

产业共性技术是提高企业自主创新能力的基础，竞争前共性技术创新体系缺位是难以靠市场、靠企业弥补的，发达国家政府通过整合科研资源和力量，提升产业共性技术创新能力。目前我国大多数行业共性技术研发处于缺位状态，共性和前沿技术研发缺少良好的资源配置机制和持续有效的投入，因而无法在技术源头上支撑自主创新。产业共性关键技术研发缺失已成为制约我国产业结构调整和升级、提升国家产业竞争力的瓶颈。同时，我国企业

普遍存在关键技术自给率低、发明专利少、技术储备不足、关键元器件和核心部件依靠进口等问题，这在很大程度上制约了关键基础材料实现跨越式发展。如半导体照明材料领域的核心专利以美、日、德等国为主，其专利总数占到了世界相关专利的 70%以上。高速列车车轮车轴、700℃超超临界发电用高温材料等材料和关键零部件也主要依赖进口。

3. 顶层设计和统筹协调不够，存在低水平重复建设现象

“十二五”以来，国内各地区均发布了材料产业规划，但一些地方没有立足于本地区自身条件和优势，科学合理定位，实现差异化分工，在某些产业领域存在严重的趋同现象，同质化布局，发展缺乏主线，形成产能之后即陷入低层次竞争。例如光伏电池领域，很多地方新上的加工制造项目并未掌握核心技术，全国已有近 20 个省市将“光伏产业”作为地区的支柱型产业，存在过热倾向。多晶硅受金融危机、欧债危机和欧美对中国光伏“双反”的综合影响，一度造成国内企业大面积停产。多晶硅技术需要优秀人才团队支撑，多晶硅生产要求环保节能环境，再加上光伏产业出现发展阶段性过剩，投资风险较大，需要严控低水平重复建设。这种盲目跟风式投入不仅会造成重复建设和产能过剩，还会影响到产业的可持续性发展。

4. 资源配置分散，产业链不够完整

我国关键基础材料的企业数量多而分散，具有国际竞争力的骨干企业数量少，行业规模效益水平低，价格控制能力弱，国际市场话语权有待提高。如生物医用材料企业规模普遍较小，制约了我国生物医用材料产业的创新能力，在制药行业，仅有少数几家企业规模达到 200 亿元，尚没有总资产在 500 亿元以上的大型企业，而国际医药巨头辉瑞、强生、诺华和赛诺菲-安万特的总资产规模以人民币计都已经超过或接近万亿元。部分关键基础材料产业链缺失，产业链条上各环节的协调及配套服务存在滞后，未形成集聚发展的良性态势。上游环节发展滞后，下游应用面临较大的升级压力，上下游产业之间的链接不顺，不利于产业健康发展。我国 LED 产业链中处于核心技术环

节的上游企业仅占3%左右，外延芯片产能存在严重不足。

5. 绿色低碳理念薄弱，节能环保有待加强

坚持绿色低碳可持续发展，限制和减少温室气体的排放，对保护我们赖以生存的环境至关重要；尤其是我国大面积爆发的雾霾现象，使得发展绿色低碳、节能环保产业成为迫切需求。但我国部分关键基础材料生产企业绿色低碳理念薄弱，缺乏长期的创新研究，只能发展“短、平、快”产品，导致部分领域盲目发展，低端产品急速增加，资源大量浪费，环境污染严重。如我国化纤产业，产量连续多年位居世界第一，但产品结构不合理、能耗高、附加值低，生产 1 吨纤维，排放 20 吨 CO_2，环境污染情况严重。

四、关键基础材料发展重点

根据我国经济建设对关键基础材料的需求，结合国际材料产业发展趋势，以及重大技术与颠覆性技术对战略新兴产业未来的影响，提出面向“十三五”及更长时期需要发展的 11 项重点关键基础材料。

关键微纳电子材料

关键微纳电子材料是新一代信息产业发展的基础支撑，主要包括硅及硅基材料、GaN、SiC 等各类衬底、栅介质、存储材料以及相关配套材料等。“极大规模集成电路制造装备及成套工艺”作为国家中长期科学和技术发展规划的重大专项，开展 32 nm 及 22 nm 技术研究，与之相配套的极大规模集成电路用关键材料的基础研究显得尤为重要。在微纳电子关键材料领域形成具有

自主知识产权的新技术，对促进我国信息技术跨越式发展，提高核心竞争力，具有重大的现实意义[11]。

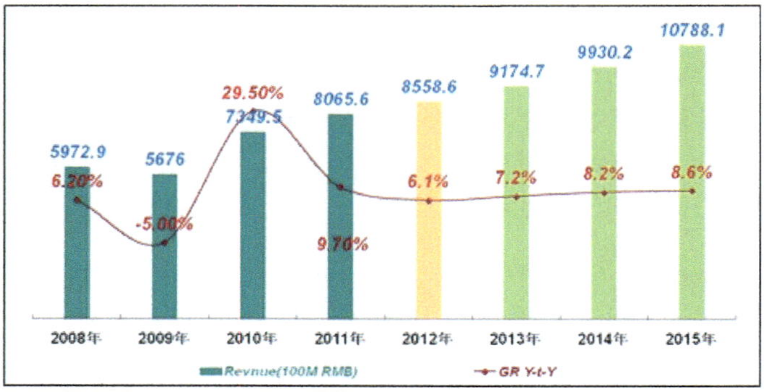

图 9　2008-2015 年中国集成电路市场规模与增长

突破 300mm 硅片、高 k 栅介质材料、存储材料以及 GaN、SiC 等宽禁带半导体材料的关键制备技术，形成相应的产业化能力，建立微纳电子关键材料配套体系，缩短与世界先进水平的差距，支撑国家集成电路产业发展到 14nm 技术代目标的实现，提升集成电路产业链整体竞争力；与国际同步开发 450mm 硅片、SOI 材料技术，引领未来集成电路发展。

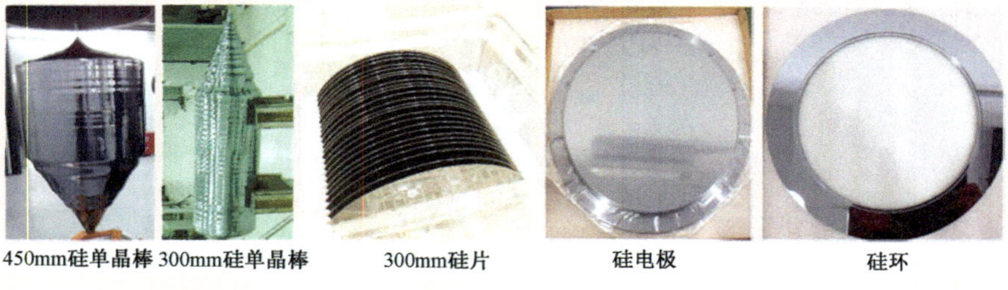

图 10　我国自主研发的系列硅产品

建设直径 300mm 硅材料的研发平台，掌握硅片精细加工、清洗处理、外延生长、硅片检测等关键技术以及晶体微缺陷、硅片几何参数与电学参数精确控制技术[12]。实现 4～6 英寸 GaN、SiC 的大规模应用，满足射频功率器件的要求，技术水平达到国际先进。开发新型沟道材料的工程化技术，掌握高 k 栅介质和金属栅极材料工程化技术，突破满足纳米线宽集成电路要求的应变硅和 SOI 工程化技术。掌握相变、阻变、铁电存储材料工程化技术，满足存储器件在耐久性和稳定性等方面的需求。建设直径 450mm 硅材料研发平台，攻克单晶生长的关键技术。

新型显示材料

新型显示是我国电子信息产业发展的重点方向之一，主要涉及 TFT、OLED、LED 背光源、高世代液晶显示、印刷以及激光显示等器件及其关键材料。随着移动互联网技术在全球的迅速推广和未来数字家庭时代的迅速发展（图 11），显示技术要求趋向于柔性、便携、低成本、高色域、高光效等，这些都需要新型显示材料的有效支撑，新型显示产业将成为具有后续发展的优势产业[13]。

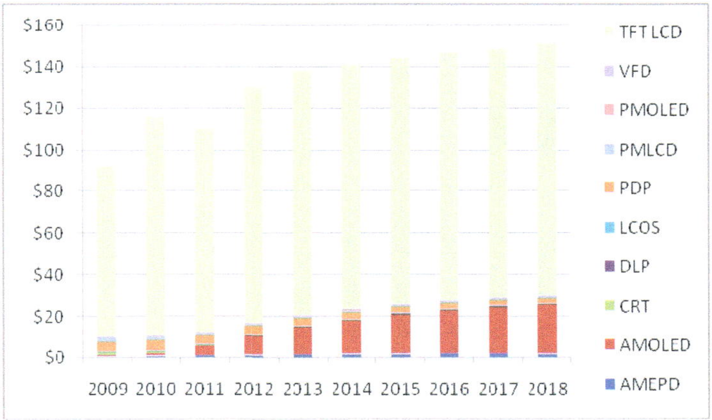

图 11　全球显示面板产值统计及预测（单位：十亿美元）

提高中国液晶玻璃基板产业的自主研发、集成创新能力，开发出具有自主知识产权的高世代液晶玻璃生产技术及成套装备。掌握 OLED 显示、LED 背光源关键材料研发技术和产业化工艺，满足平板显示发展的需求。掌握可卷绕式、100 英寸级、8K4K 超高分辨率全印刷 AMOLED 显示屏的制备技术，全面掌握激光显示技术的产业创新链，建成印刷显示和激光显示产业的创新体系，提升印刷显示和激光显示关键材料国产化率，带动相应产值大幅提升。

建设具有自主知识产权液晶玻璃生产线，掌握高黏度玻璃澄清技术及装备、成型技术及装备、退火技术及装备、专家控制系统、在线检测系统等核心关键技术。突破 OLED 显示器件用有机发光材料、电子及空穴传输材料、电子及空穴注入材料的核心关键技术。开发加工性好、性能稳定，满足印刷显示应用要求的 TFT 关键材料，建立可印刷发光/反射显示材料体系，掌握适用于不同器件印刷油墨材料制备技术，实现印刷显示材料在大面积柔性印刷 AMOLED 中的集成应用技术，突破红光、蓝光、绿光激光量子阱材料制备关键技术，制备出宽角度膜系材料和高可靠性、低成本、高性能的消相干材料，并形成激光显示关键材料的定量表征与应用技术研究体系。

新能源电池材料

新能源电池材料是指支撑新能源发展、具有能量存储转换功能，起到节能减排功能的材料，主要包括太阳能电池材料、锂离子动力电池材料和燃料电池材料。我国新能源电池材料产业与世界先进水平相比仍有较大差距，具有自主知识产权的技术和产品少，产品的竞争力主要体现在一定的成本优势上。加强新能源关键基础材料自主研发能力，开发核心技术，建立完善的产业技术平台，是发展我国新能源材料的重要举措[14]。

钙钛矿太阳电池

钙钛矿太阳电池是以具有钙钛矿结构的有机-金属卤化物（简称：钙钛矿）等作为核心光吸收、光电转换、光生载流子输运材料的太阳电池。钙钛矿太阳电池具有良好的光吸收、光电转换以及优异的光生载流子输运特性，其电子与空穴扩散长度均可超过 1000 nm，目前认证的实验室样品光电转换效率已超过 20%。但是，这种太阳能电池的稳定性和对环境的适应性还有待提升，因此可实用的钙钛矿太阳能电池仍有很长的路要走。

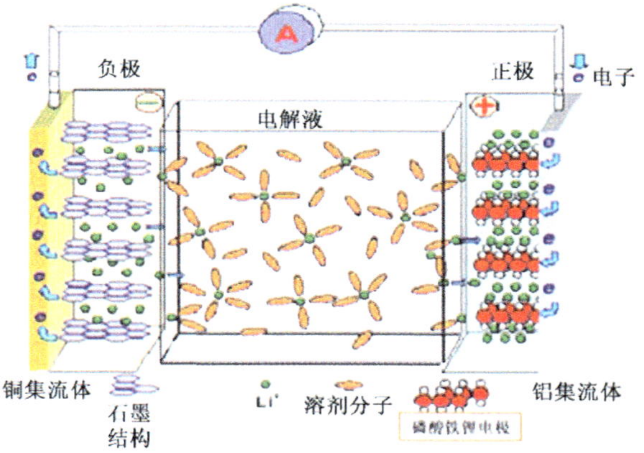

图 12 锂离子动力电池原理图

实现光伏技术的全面突破，促进新型太阳能电池的规模化应用，保持我国光伏行业的国际先进地位。建设锂离子电池材料产业示范工程，提升我国锂离子电池制造和成组水平，同时建设正极材料、负极材料、电解质、隔膜等关键材料测试方法和检测条件、原位高效定量的性能表征方法以及合成、表征和测试等为一体的平台，实现材料信息共享与挖掘。掌握燃料电池关键材料及其批量化制备的核心技术，实现燃料电池关键材料的产业化，为提升我国燃料电池技术水平和国际竞争力奠定材料基础。

突破多晶硅低能耗还原工艺、多晶硅副产物综合处理技术，低成本硅烷法制备多晶硅技术和多晶硅流化床制备技术，发展新型钙钛矿类太阳能电池、燃料敏化太阳能电池、有机太阳能电池以及碲化镉、铜铟镓硒和铜锌锡硫等薄膜太阳能电池关键材料。突破在锂离子电池用新一代高比容（≥155mAh/g）的磷酸盐系、镍锰钴三元系（≥165mAh/g）材料等关键材料的产业化工艺与装备技术；掌握高比容量、高电压类正极材料和硅基复合负极材料的关键技术，以及高安全性电解质和隔膜材料制备技术，形成高比能锂离子电池的材料体系。开发固体氧化物燃料电池（SOFC）的高活性阴极材料、抗积碳和硫毒化的阳极材料、高离子电导率的电解质材料、高温密封材料以及抗氧化和高电导率的金属连接体材料，以及质子交换膜燃料电池（PEMFC）的膜电极材料、高温复合质子交换膜以及耐腐蚀与导电性兼优的金属双极板等关键材料。

高性能化工材料

化工基础材料主要包括塑料、橡胶、纤维、涂料、胶粘剂以及复合材料（图 13），广泛应用于国防、航天、电子、机械、汽车制造、能源、医疗等领域。当前我国实现了部份化工材料的国产化和规模化生产，塑料、橡胶和纤维三大合成材料的产量、消费量均已跃居世界第一。但是高端产品仍不能满足国民经济发展的需要，关键材料、核心技术仍然缺乏，高性能化工材料进口依存度依然较高（表 3），与国外先进水平仍有差距[15]。

表 3　2014 年中国合成橡胶产量进口量

	SBR	BR	NBR	SBS	CR	EPR	IIR	HIIR	IR
产能，kt/a	1 760	1 652	242	1 080	58	160	185	87	290
产量，kt	1 078	803	130	793	40	30	68	10	10
进口量，kt	328	207	74	38	20	253	64	204	22

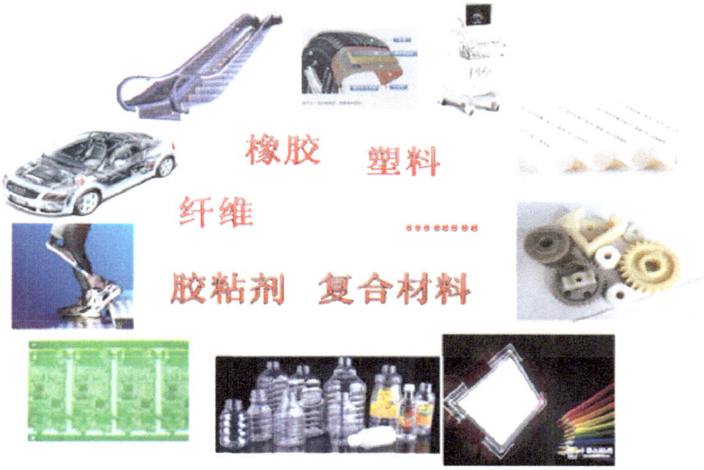

图 13 关键化工材料的类别

加快通用聚烯烃材料的高性能化的开发进程，开发极性聚烯烃树脂（非后改性材料）制备新技术，实现产业化。实现主要工程塑料品种规模化生产，尽早使我国工程塑料的自给率提高到 60%以上。大幅度提高高性能合成橡胶的技术水平，掌握达到欧盟要求的具有低油耗、高安全、低噪音和舒适性的高性能节能轮胎胎面胶制备技术，实现卤化丁基橡胶，阻尼减震橡胶等专用材料的工业化生产。

提高极性单体和烯烃单体聚合时催化剂耐杂原子的能力，掌握溶液连续聚合工艺中的溶剂的选择以及 EVOH 生产流程中涉及的皂化、析出、洗涤等工艺；开发聚烯烃接枝共聚极性单体技术并拓展新的应用领域，重点解决生产工艺中溶剂回收、洗涤等问题；解决 PET 工程塑料、聚酰胺工程塑料、聚碳酸酯、生物基工程塑料的关键技术难题；形成具有自主知识产权的官能化 SSBR 生产技术，开发超高顺式、窄分子量分布、官能化、高支化稀土顺丁橡胶的工程化技术。

新型建筑材料

建筑新材料是应用量大面广，影响建筑质量及节能减排的基础材料，包括高效阻燃保温材料、建筑节能玻璃、特种玻璃、高性能水泥基复合材料等。当前我国建筑产业的部分产品产量产值都稳居世界首位，质量与效益有了大幅提升，一些工艺技术已经达到世界先进水平，但同时与发达国家相比也存在着资源能源利用率低、污染物排放严重、产业结构不合理、自主创新能力薄弱的问题。因此必须加快新型建筑材料产业发展，推进行业转型升级，提升建材新材料产业的科技自主创新能力。

低辐射玻璃[16]

低辐射玻璃又称为 Low-E 玻璃，是一种对波长在 2.5 ~ 25um 范围的远红外线有较高反射比的镀膜玻璃，它具有较低的辐射率，能有效地阻断室内外的辐射传热，具有很高的保温节能效果，是当今世界公认的综合节能效果较好的建筑玻璃品种之一。低辐射镀膜玻璃按工艺又分为离线低辐射镀膜玻璃和在线低辐射镀膜玻璃。离线低辐射镀膜玻璃的辐射率应低于 0.15，在线低辐射镀膜玻璃的辐射率应低于 0.25。

加快开发具有高耐蚀、高抗冲耐磨、高强韧及多功能化的高性能水泥基复合新材料，满足大规模应用和极端环境下对水泥基材料功能化的要求，支撑复杂油气井开发、水电工程、道路交通工程和海洋工程等产业的发展。加快突破有良好保温效果的有机保温材料（如 EPS、PU）的制备技术，提升材料的阻燃性能，满足绝大部分建筑的防火要求和建筑节能的要求。开发光致变色、热致变色、电致变色等新型双向可调节能玻璃浮法在线和磁控溅射规模化技术，支撑我国建筑节能和低碳经济的持续发展。

制备具有较高后期强度的复杂地质固井水泥基复合材料，研发具有较高的后期强度、硬度、磨损率的高抗冲耐磨特性的水电工程水泥基复合材料，开发具有较高抗折强度、弯拉强度的道路工程水泥基复合材料，以及用于海岛和跨海桥隧工程（抗侵蚀系数 KS180 以上）的海洋工程水泥基复合材料。开发新型难燃 EPS、PU 有机保温材料，在保证保温隔热性能、力学性能（压缩强度等）和变形性能（体积稳定性）的同时，具备较高的防火性能（防火等级从可燃 B2 级提高到难燃 B1 等级要求），且可降低燃烧过程中有毒物质的释放。突破节能玻璃材料的关键技术，研究开发低辐射镀膜玻璃、阳光控制镀膜玻璃、光谱选择性高效超低能耗节能镀膜玻璃、外场响应（光致变色、电致变色、热致变色）智能节能玻璃等制备和性能优化技术；开发以化学气相沉积为代表的低能耗、低成本浮法在线低辐射镀膜工程化技术和以磁控溅射为代表的高性能离线低辐射镀膜工程化技术；开发真空节能玻璃产业化技术，解决真空玻璃钢化问题。

高端钢铁材料

关键钢铁基础材料包括能源用钢、交通用钢、海洋工程用钢、先进制造基础零部件用钢等。近年来，我国高品质板材、特殊钢等先进钢材产业得到了长足发展，但高端钢铁材料整体发展水平与先进国家仍存在一定的差距，一些关键领域如海工、航空、能源等用钢材还不能自给，高铁车轮、车轴、轴承、机械用齿轮钢、轴承钢等关键钢铁产品依然无法完全满足需求，因此应从国民经济发展及国防安全出发，重点发展高端钢铁材料及其延伸产品，为高端装备制造业、高技术含量轨道交通、汽车、核电、火电以及新兴产业等国民经济核心行业提供有力支撑[17]。

关键钢铁材料

能源用钢主要涵盖核电用钢（AP1000、CAP1400 等大型压水堆核电站压力容器锻件、蒸汽发生器锻件、主管道、蒸汽发生器传热管等）、火电用钢（高温段过热器、再热器管、主蒸汽管道和厚壁部件等锅炉关键部件，高中压转子、高温气缸、叶片和螺栓等汽轮机关键部件等）、西气东输管道用钢（三线至五线超大输气量 X90、X100 管线钢，高强度油井套管和钻杆等）。交通用钢主要涵盖铁路用钢（高速重载铁路用贝氏体钢轨钢、车轴、轮对等）、汽车用钢（高强度、高塑性的二、三代汽车用钢）。海洋工程用钢主要涵盖海洋平台及海底油气开采用钢（400 英尺以上自升式平台、万吨级重型导管架平台用特厚板、大口径无缝管，3000 米油气集输、输送用大壁厚深海管线钢、3000 米深海钻采隔水管材料、海底集输管线用耐蚀合金、沉淀硬化型不锈钢、油套管用双相钢、深海钻具用高氮奥氏体不锈钢等）、海洋岛礁基础设施用钢（高湿热、高 Cl-海洋大气腐蚀环境下耐候钢、兼用于飞溅带和全浸带的耐海水腐蚀钢以及耐高 Cl-腐蚀低合金和不锈钢钢筋等）。基础零部件用钢主要涵盖高速机床、汽车变速箱、航空发动机、高速铁路用轴承、齿轮等，车身成形模具、大型精密压铸模具、风力发电及风机主轴模具等，交通运输和工程机械用悬架弹簧、气门弹簧、液压件弹簧等。

重点开发 700℃超超临界电站汽轮机等火电配套钢材、高耐腐蚀石油管线等能源用钢以及岛礁用钢；开发高速重载贝氏体轮轨钢、高强度、高塑性第二代、第三代汽车钢等交通用钢；突破先进装备用高性能轴承钢、齿轮钢、模具钢等关键零部件用钢材的设计、制造及应用评价等一系列关键技术。

突破炼钢的成分精确控制技术，系统研究连铸、大锭型模铸、大锭型电渣的工艺技术，解决成分偏析问题、建立不同钢种的轧制模型、提高轧制精度，研究在线成分和内部缺陷检测技术，建设设备、工艺、品种、在线检测技术集成的示范线，实现高洁净度冶炼技术（零级夹杂）、高均匀度凝固技术（等轴晶）、控轧控冷技术（组织调控）、热处理技术（组织调控）、连接

（焊接）技术的原创性创新。

图 14 关键钢铁材料应用图

先进合金材料

先进合金材料覆盖具有高强韧、耐高温、耐腐蚀和高导电率等优异综合性能的铝、铜、镁、钛等有色金属合金材料，以及具有良好的抗氧化和抗热腐蚀性能、良好的疲劳性能、断裂韧性等综合性能的高温合金，是支撑我国航空航天、国防工业、新一代信息技术、现代交通运输发展的重要战略性基础材料[18]。

高温合金材料

高温合金是以金属镍、铁、钴为基，在600℃以上高温下能承受一定应力并具有优异的抗氧化、抗腐蚀能力的一类先进结构材料，因合金化程度很高，也称为超级合金（Superalloys），其按制备工艺分为变形、铸造和粉末冶金高温合金。高温合金主要用于制造航空发动机、舰艇和工业用燃气轮机的涡轮叶片、导向叶片、涡轮盘、高压压气机盘和燃烧室等高温部件，还可用于制造航天飞行器、火箭发动机、核反应堆、石油化工设备以及煤的转化等能源转换装置。

图15　高温合金在超超临界机组汽轮机的应用示意图

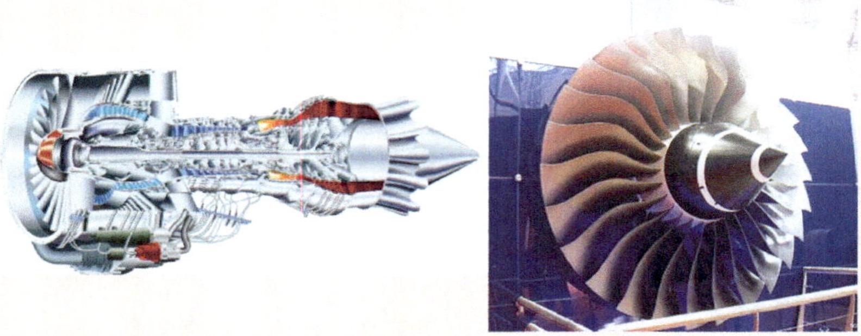

图16 航空发动机和叶片示意图

实施高性能轻合金、高性能铜合金以及高纯金属与合金等高性能有色及稀有金属材料重大产业及应用工程示范，突破高性能有色及稀有金属规模化生产应用技术。开展第三代单晶高温合金和耐热腐蚀定向晶高温合金研制；

部署第四代单晶高温合金研制，满足高性能航空发动机的需要；开展F级和H级燃机透平叶片研制。

开发具有自主知识产权的新一代航空航天用高性能铝合金材料并形成大尺寸、复杂截面系列产品的批生产能力；自主开发以车身板为代表的汽车轻量化用高性能铝合金材料和以各种压铸件和汽车次承力件为代表的高性能镁合金材料。发展高精度钛合金型管线材加工产业和大尺寸复杂截面镁合金加工产业；发展高端引线框架及高端连接器用铜合金带材及其制备与加工核心技术，并针对高速轨道接触网线、电信传输、海水淡化、船舶工业、印刷电路板等领域开展应用工艺技术研发。掌握冶金分离制备核级氧化锆/氧化铪技术、氯化-还原制备核级海绵锆/海绵铪技术、核级锆合金材料及锆合金包壳管加工工艺技术、高纯和超高纯金属物理提纯及靶材产业化技术；提升高温合金产业技术，解决国内高温合金材料普遍存在的生产质量稳定性差、新品种储备不足问题。

关键稀土功能材料

我国稀土功能材料产业已经获得巨大发展，但仍面临着许多亟待解决的问题和严峻的挑战。稀土功能材料及其应用技术与发达国家相比，还存在一定的差距，产品性能难以满足风力发电、新能源汽车、半导体照明等重大工程应用需求。因此，需大力发展新型高性能稀土磁、光、电等功能材料及工程化应用技术，建立我国先进稀土材料的产学研用创新平台及工程化基地，构建稀土材料及应用的低碳经济产业链，形成具有我国自主知识产权的高性能稀土功能材料产业，逐步由稀土生产大国迈向稀土强国[19]。

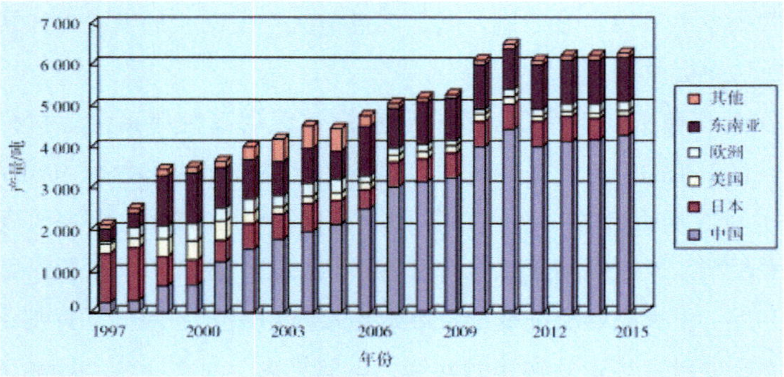

图 17 全球烧结 Nd-Fe-B 磁体产量增长

围绕绿色能源、新能源汽车、绿色照明、新型显示等国家重大工程的迫切需求，重点突破以稀土磁性材料、稀土光功能材料、稀土储氢材料、稀土催化材料、高纯稀土材料绿色制备及应用等关键技术作为稀土新材料的主攻方向，同时开展稀土磁制冷、超磁致伸缩、稀土晶体材料、稀土功能陶瓷材料、稀土上转换发光材料等前瞻性研究，建立我国先进稀土功能材料的产学研用创新平台及工程化基地，推动稀土功能材料产业的可持续发展。

开发超高性能稀土功能材料的工程化制备及应用技术、面向稀土元素平衡、高质化利用的铈磁体等新型稀土材料与应用技术，长寿命、高稳定性稀土功能材料的低成本生产技术，稀土原材料高效清洁制备及稀土材料的循环利用技术，稀土功能材料评价表征与验证技术，构建稀土功能材料及应用的低碳经济产业链。

特种无机非金属材料

特种无机非金属材料是关系我国国家安全和战略性新兴产业发展的先进结构和新型结构与功能一体化工程材料，本书主要涉及耐高温、耐腐蚀、抗热震先进结构陶瓷材料、无机非金属陶瓷纤维及其连续增强陶瓷基复合材料、耐火材料、高性能碳/碳复合材料、高纯超细陶瓷粉体材料等（图 18、图 19）。特种无机非金属材料是若干国家科技重大专项关键部件用核心材料，并对航空航天、轨道交通、汽车、新能源产业以及重点武器装备的未来发展起重要的支撑作用[20]。

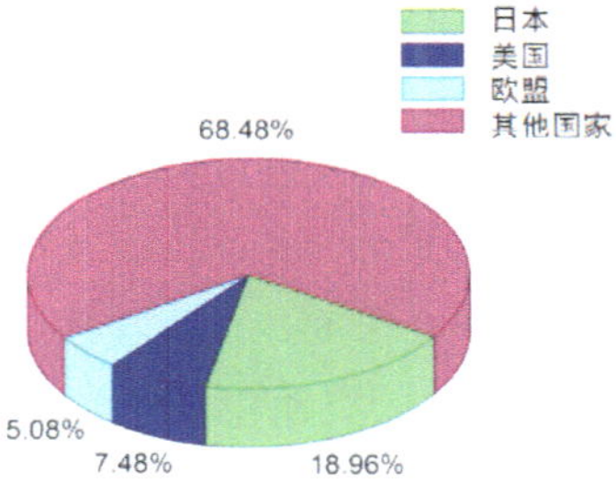

图 18 世界先进结构陶瓷材料产业规模分布情况

图 19 特种结构陶瓷及其复合材料应用图

重点发展陶瓷原料粉体和高性能、大尺寸、复杂形状先进陶瓷构件的烧结技术，以及相应的加工设备、检测系统平台，并攻克批量化生产的关键工艺技术；开发耐高温、轻质、长寿命航空发动机用 SiC/SiC 复合材料以及工业燃气轮机和民用发动机用轻质超长寿命 SiC/SiC 复合材料。突破高性能碳/碳复合材料的低成本制备技术和极端服役改性技术，建立系统完整的碳/碳复合材料研发到应用全链条的“用产学研”深度融合的创新体系，形成具有核心竞争力的产业集群。开发出高性能功能化耐火材料以及高强度高热阻梯度化的保温材料，促进我国环境保护和可持续协调发展、进一步节能降耗、为相关工业产品升级提供保障。

掌握高纯超细碳化硅、氮化硅、氧化铝等陶瓷粉体原料的制备及产业化技术，薄壁、异性、大尺寸陶瓷构件的成型、烧结、无损检测、加工及连接等技术。突破纤维编织、浸渍、裂解、加工及检测等碳化硅陶瓷基复合材料构件成型关键技术。 开展长时间抗氧化、耐烧蚀 C/C 复合材料制备技术研究。形成高温热工窑炉用内衬材料的功能与保温节能一体化。实现以高铝矾土、镁质资源和石墨为代表的耐火材料非金属矿产资源管理规范化，规范废弃耐火材料再利用的行为，建立废弃耐火材料再利用的管理模式并出台相关政策。

特种纤维材料

纤维是指由连续或不连续的细丝组成的物质，其可织成细线、线头和麻绳，造纸或织毡时还可以织成纤维层；同时也常用来制造其他物料，及与其他物料共同组成复合材料，本文主要涉及高性能纤维，功能性、差别化纤维以及生物质纤维等特种纤维材料。近年来，我国特种纤维材料领域的技术进步明显，拥有自主知识产权的纤维品种更加丰富，但产业自主创新能力薄弱、产业布局不够合理、支撑基础较弱[21]。

高性能纤维、功能性、差别化纤维以及生物质纤维

高性能纤维按性能可分为高强高模纤维、耐高温纤维、抗燃纤维、耐强腐蚀纤维（图 20），主要包括碳纤维、芳纶、高强高模聚乙烯、聚苯硫醚、玄武岩纤维等，其广泛应用于国防建设和经济发展，事关产业安全和国防安全。功能性、差别化纤维是指经过化学改性或物理变形，使纤维的形态结构、物理化学性能与常规化纤有显著不同，从而取得仿生效果，或改善、提高化纤的性能，或使纤维具备某一种或几种特殊的功能的纤维。生物基纤维是指以生物质资源为原料制成的纤维，包括生物质再生纤维和生物质合成纤维。

提高高性能纤维原料及纤维生产的稳定性，进而提高纤维质量与性能，加快产品结构升级，加大高性能纤维下游产品的开发与市场开拓；加强功能性、差别化纤维的新技术、新品种以及多功能复合纤维的研发力度，提高产品附加值；突破生物基纤维产业化成套工程技术及相关应用技术，建立生物基纤维系列标准体系，加快制定生物基纤维及其后续制品的产品标准、检测方法、应用规范等。

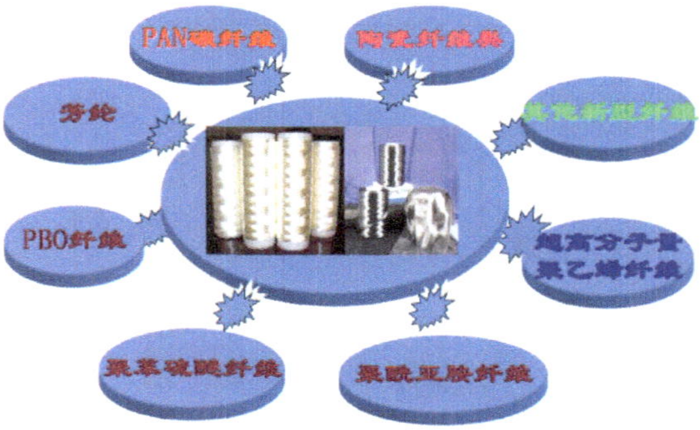

图 20 纤维的类别

突破碳纤维增强复合材料低成本设计和制造技术、关键基体制备与规模化生产、关键连续自动化装备、性能评估及应用等核心技术；高强高模芳纶制备技术，突破相关工艺和装备产业化技术，加快各种表面处理剂的研发；

改进优化超高分子量聚乙烯纤维、聚苯硫醚纤维、聚酰亚胺纤维、聚四氟乙烯纤维、PEN 纤维、阻燃抗熔滴纤维、仿棉聚酯纤维、常压阳离子易染纤维、原液着色纤维的生产工艺；掌握 Lyocell 纤维、PLA 纤维、PTT 纤维、可降解 PBS 纤维工程化技术。

生物医用和制药材料

近年来，由于我国老龄化带来的健康潜在需求以及社会保障水平和居民购买力提升，生物医用和制药材料市场高速扩容，在管理制度、标准、规范等方面不断得到改进，有力地推进了我国生物医用和制药材料产业的发展和产品结构调整；但与国际产业规模及发展速度相比仍存在一定的差距（图 21），高端产品的核心技术基本上为国外所垄断，进口依存度较高，远不能满足全民医疗保健的基本需求[22]。

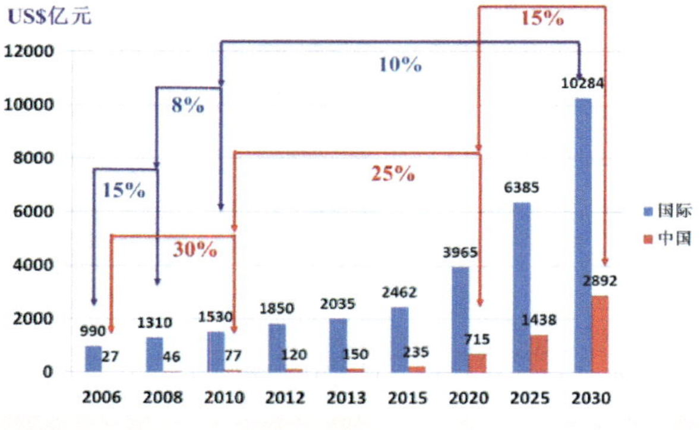

图 21 我国医疗器械和生物医用材料市场及发展预测

充分利用我国在前沿研究和产业发展方面的优势，建立骨（牙）再生材料及植入器械，新型心、脑血管系统介/植入器械，医用高分子及高端术中耗材，医用植入性微电子器械、新型药用辅料等研发以及标准体系研究机构，构建产、学、研、医紧密结合的协同创新平台，培育高集中度、多元化的大型企业或企业集群。

突破组织诱导性生物材料设计和制备的工程化技术，将我国独创的骨诱导性生物材料及其制备技术扩大到非骨组织，包括软骨、肌腱、角膜、神经、血管等组织诱导性材料的设计和制备，开创生物材料发展的新阶段—无生命的生物材料诱导有生命的组织或器官形成；突破结构组织的组织工程技术以及 3D 打印生物制造技术等；大力开发先进的高质量药物辅料，同时开展缓释制剂、控释制剂、靶向制剂、智能制剂药物的研发。

前沿新材料

在着重关注以上 11 个重点内容的同时，还需从材料产业的可持续发展出发，布局前沿新材料的核心技术研究和工程化技术开发，为不断满足未来国民经济发展对关键基础材料的需求奠定坚实的基础。如以石墨烯（图 22）、碳纳米管等为代表的新型碳纳米材料，具有轻质、高强、高韧性、高模量以及高导热/电、耐磨、低热膨胀等特性，在航天、航空、电子、交通等领域具有巨大的应用潜力[23]。又如超材料（图 23），通过对其在关键物理尺度上的有序设计，能制造出具有超出自然界固有的普通性质的超常材料功能，包括负折射材料、光子晶体、超磁性材料等，在太赫兹领域、光量子领域以及天线等领域展现了优异前景[24]。超导材料以其具备的零电阻和抗磁性在电力工业、微波器件、磁悬浮列车等领域展现了广泛的应用潜力[25]。导电高分子材料具有高电导率、半导体特性、电容性、电化学活性和一系列光学性能，在导电材料、电极材料、电显示材料、电子器件、电磁波屏蔽、化学催化以及柔性可穿戴电子设备等方面具有很大的潜在应用。面向过程工业的高端特种分离膜材料，具有独特的结构特性和较强的环境适应性，对我国工业节能减排有着重要作用。此外，形状记忆合金、磁致伸缩材料以及传感器相关材料等与未来智慧生活相关的智能材料也是需要关注的前沿新材料。

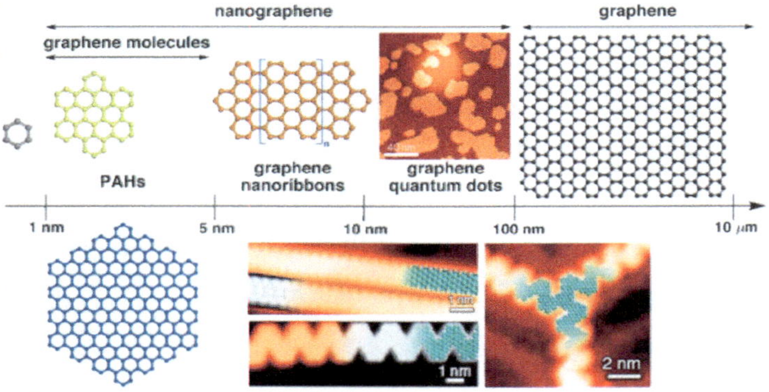

图 22　石墨烯材料分子结构图

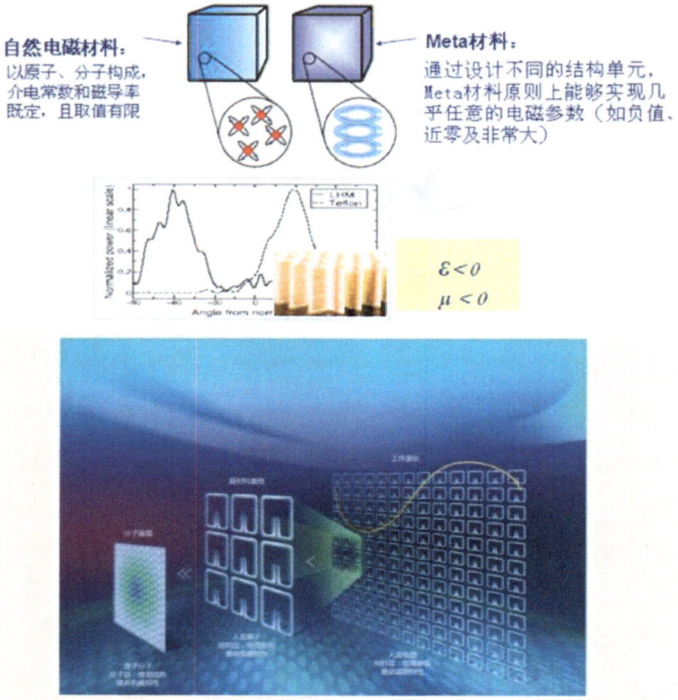

图 23　超材料原理图

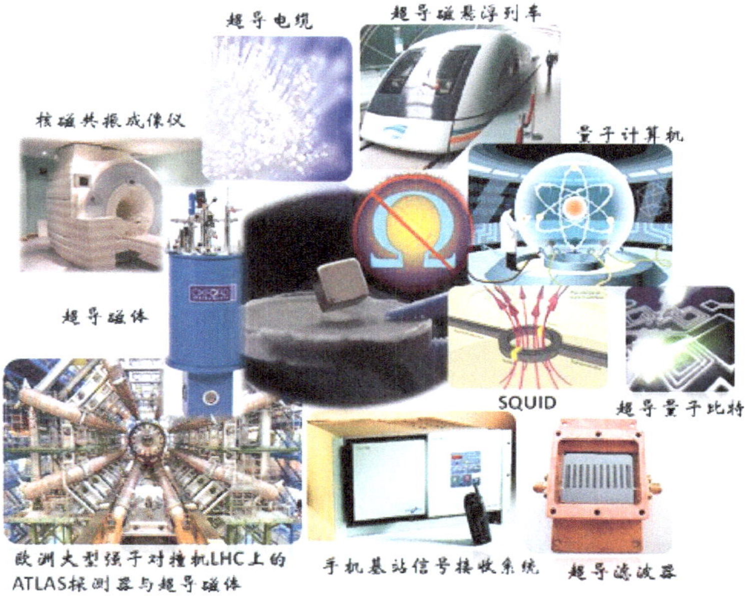

图 24　超导材料的应用

五、关键基础材料发展战略

发展思路

面向信息、能源、节能环保、生物、航空航天以及产业革新等方面的战略需求，突破电子信息材料、新能源材料、关键化工材料、绿色建材新材料、重大和高端装备用钢铁材料、高性能有色及稀有金属材料、无机非金属材料、特种纤维材料、生物医用和制药材料的核心技术，着力提高关键基础材料产业的自主创新能力，通过优化组织实施方式，支持产业结构调整、产品升级换代和国家重大工程亟需的关键基础材料研发与工程化，促进一批关键基础材料实现产业化和规模应用。建立产业链上下游优势互补、密切合作机制，有效缩短关键基础新材料的研发、产业化和规模应用周期，促进企业加强技术创新，形成持续创新能力，进一步增强我国关键基础新材料产业的核心竞争力，实现从材料大国向材料强国的战略性转变，全面满足先进制造业、国家重大工程和社会可持续发展对关键基础材料的需求。

基本原则

1. 坚持统筹布局，突出发展重点

从全球视野和国家利益的立场出发，科学谋划发展目标和发展方向，立足当前、面向未来、统筹规划，总体部署产业布局，正确处理速度、规模、效益之间的关系。同时围绕经济社会发展重大需求，坚持整体推进、重点突破，组织实施重大工程，突破关键基础材料规模化制备的成套技术与装备，加快发展产业基础好、市场潜力大、保障程度低的关键基础材料，并及早部署重要前沿性领域，培育先导产业，促进重点领域和优势区域率先发展。

2. 坚持创新驱动，占领产业高端

创新是关键基础材料产业发展的核心环节，要强化企业技术创新主体地位，激发和保护企业创新积极性，完善技术创新体系，通过原始创新、集成创新和引进消化吸收再创新，提升关键基础材料产业创新水平。同时重视原始创新，突破一批关键核心技术，特别是颠覆性技术，驱动产业发展。同时坚持跨学科跨领域的集成创新，着重高端产品开发，培养高附加值产业链，为占领全球新兴产业发展制高点，发挥支持作用。

3．坚持市场导向，完善政府调控

遵循市场经济规律，突出企业的市场主体地位，充分发挥市场配置资源的基础作用，重视关键基础材料推广应用和市场培育。充分发挥中小企业的创新作用，同时将资源逐渐向优势企业聚集，形成具有自主知识产权和国际竞争能力的龙头企业。积极发挥政府部门在组织协调、政策引导、改善市场环境中的重要作用，加强关键基础材料产业规划实施和政策制定，实施重大专项，重点发展成长潜力大、市场潜力大、产业基础好、带动作用强、综合效益好的产业，确保关键基础材料产业高效可持续发展。

4．坚持协调推进，促进开放合作

加强关键基础材料与下游产业的相互衔接，充分调动研发机构、生产企业和终端用户积极性。加强关键基础材料产业与原材料工业融合发展，在原材料工业改造提升中，不断催生高端关键基础材料，在关键基础材料产业创新发展中，不断带动材料工业升级换代。加快军民融合，加快军民共用材料技术双向转移，促进关键基础材料产业健康发展。同时，充分利用全球创新资源，走出去、请进来，培育特色产业集群，走开放式协同创新和国际化发展道路。

5．坚持绿色发展，节能环保低碳

牢固树立绿色、低碳发展理念，重视关键基础材料研发、制备和使役全过程的环境友好性，提高资源能源利用效率，促进关键基础材料可再生循环，改变高消耗、高排放、难循环的材料工业传统发展模式，走低碳环保、节能高效、循环安全的可持续发展道路。对制约能源、资源、环境等领域发展的关键基础材料，实施集中突破，建立资源节约、环境友好型的技术体系、生产体系和效益体系，支撑经济发展方式的转变，保障我国上述行业的健康可持续发展。

发展目标

1．2020 年发展目标

掌握大量关键基础材料的核心技术，实现规模化生产技术的突破和系统集成技术的完善，缩短与世界先进水平的差距；建立以企业为主体的高水平材料研发平台，加强工程化技术的研究，推动重大材料制造装备的国产化，实现关键基础材料的批量生产，自给率达到 70%，基本满足国家重大工程建设、国家安全等领域的需求。

2．2025 年发展目标

关键基础材料产业整体水平达到国际先进水平，实现大规模绿色制造使役和循环利用，基本建成关键基础材料产业创新体系，实现绝大部分关键基础材料的自给，能够满足国民经济、国家安全、社会可持续发展的需求，推动由材料大国向材料强国的战略性转变。

保障措施

1．加强研发体系建设

紧密围绕国家发展战略，加强顶层设计，合理布局关键基础材料的研发体系。重视当前处于研发阶段的前沿材料，适度超前安排，建立符合行业标准的关键基础材料设计/制造/评价共享数据库，建设与国际接轨并具有我国特色的材料标准体系，着力突破关键基础材料产业发展的工程化问题。

2．加强培育产业环境

加快制定关键基础材料产业发展指导目录和投资导向意见，完善产业链、创新链、资金链。发挥市场的资源配置作用，鼓励风险投资，协调国家对重点基础材料行业的聚焦支持，引导关键基础材料中小企业群体健康成长，营造具有国际竞争力的产业生态环境。

3．加强配套政策支持

加大财政、金融、税收等政策对关键基础材料的扶持力度，建立和完善规范化的风险投资运行、避险和退出机制，形成鼓励使用国产关键基础材料的健康体系；完善支持创新的税收政策，创造良好的投资环境，防止一哄而上，出现“投资碎片化”，落实研发费用加计扣除和高新技术企业所得税优惠等政策。

4．加强人才队伍建设

实施创新人才发展战略，鼓励采取核心人才引进和团队引进等多种方式引进海内外人才，鼓励企业积极培养自主创新的人才队伍。同时充分发挥行业协会、科研单位和大学的作用，共同建立关键基础材料产业专家系统，加强材料研发、生产和应用的直接沟通和交流。该专家系统可就关键基础材料发展现状、发展趋势和需要关注的重点问题提供咨询意见。

六、参考文献

[1] John Allison. Materials Genome Initiative For Global Competitiveness, June 2011
[2] 中国工程科技发展战略研究院．2014 中国战略性新兴产业发展报告．北京：科学出版社，2013
[3] 黄长庚.稀土储氢合金发展．中国稀土行业协会第一届会员暨理事大会第

二次会议，上海，2013-4-25
[4] 李龙土. 功能陶瓷材料及其应用研究进展，硅酸盐通报，2010(5):107-110。
[5] 张兴栋，王宝亭. 我国生物材料科学与产业的崛起，新材料产业. 2009(10):92-95.
[6] NieZuoren, GaoFeng, Gong Xianzheng, et al. Recent progress and application of materials life cycle assessment in China. Progress in Natural Science: Materials International, 2011, 21(1):1-11.
[7] 全国工商联新能源商会. 全球新能源发展报告 2015，北京：2015
[8] 王继扬，吴以成.光电功能晶体材料研究进展.中国材料进展，2011, 29(10):1-12
[9] 工信部原材料司. 中国新材料产业年度发展报告. 北京：电子工业出版社，2014
[10] 中国电子信息产业发展研究院.中国新材料产业地图白皮书(2012). 北京：2012
[11] HailingTu, 450mm Silicon Wafers Are Imperative for Moore' s Law but maybe Postponed, Engineering 2015, 1(2):162-163
[12] Tu Hailing et al, The growth technology for 300 mm single crystal silicon, Microelectronic Engineering, 2001, 56(1):77 – 82
[13] 段炼，邱勇. OLED 照明及 OLED 有源显示材料与器件. 新材料产业：2011, (2)
[14] 陈立泉. 锂离子储能电池的现在与未来. 功能材料信息，2011，8(4):8-9
[15] 乔金樑. 我国高分子材料产业转型发展的思考. 石油化工：2015, 44(9)
[16] 汪洪，等.节能镀膜玻璃及其膜系开发. 2010 全国玻璃技术交流研讨会. 北京：2010-10-16
[17] 中国工程院.〈特殊钢在先进装备制造业应用中的战略研究〉咨询报告. 北京：2012
[18] 中国工程院. 我国有色稀有金属材料的现状及发展战略. 北京：2010-12
[19] 干勇.利用资源优势，聚集稀土特色产业. 中国高新区. 2009（8）:18
[20] 屠海令，等. 新材料产业培育与发展研究报告. 北京：科学出版社, 2014

[21] 徐樑华，等. 高性能碳纤维及其复合材料在绿色能源建设及节能减排中的重要作用. 新材料产业：2010, (3)

[22] 周廉，等. 中国生物医用材料科学与产业现状及发展战略研究. 北京：化学工业出版社，2012

[23] Zhang R F, Zhang Y Y, Zhang Q, Xie H H, Qian W Z, Wei F. Growth of half-meter long carbon nanotubes based onschulzflory distribution. ACS Nano.2013(7)6156-6161

[24] R.Liu et al.Broadband Ground-Plane Cloak.《SCIENCE》. 2009, vol323, 366-369

[25] 赵忠贤. 百年超导魅力不减.物理，2011,40（6）:361-362

附件：课题组成员

课题组成员名单

屠海令	北京有色金属研究总院	院士
翁宇庆	钢铁研究总院	院士
左铁镛	北京工业大学	院士
李龙土	清华大学	院士
张国成	北京有色金属研究总院	院士
张兴栋	四川大学	院士
周　玉	哈尔滨工业大学	院士
王海舟	钢铁研究总院	院士
吴以成	中科院理化技术研究所	院士
陈祥宝	北京航空材料研究院	院士
徐惠彬	北京航空航天大学	院士
俞建勇	东华大学	院士

卢世刚	国联动力电池汽车研究院	教授
乔金樑	中石化北京化工研究院	教授
米绪军	北京有色金属研究总院	教授
贾德昌	哈尔滨工业大学	教授
颜碧兰	中国建筑材料科学研究总院	教授
王丽娟	冶金工业规划研究院	教授
赵　强	中国纺织科学研究院	教授
池　慧	中国医学科学院	教授
陈代杰	中国医药工业研究总院	教授
杜挽生	钢铁研究总院	教授
马鸣图	中国汽车工程研究院	教授
于学军	中国轻工业联合会科技环保部	教授
王敬忠	中国电池工业协会	教授
卢　鹉	中国航天科技集团公司	教授
张龙贵	中石化北京化工研究院	教授
肖清华	有研新材料有限责任公司	教授
赵　平	中国建筑材料科学研究总院	教授
王　欣	中国纺织科学研究院	教授
魏　峰	北京有色金属研究总院	高级工程师
陈思联	钢铁研究总院	高级工程师
李桂金	中国建筑材料科学研究总院	副教授
肖邦国	冶金工业规划研究院轧钢处	处长
杨治华	哈尔滨工业大学	副教授
崔　义	国联动力电池汽车研究院	高级工程师
吕海荣	中国纺织科学研究院	高级工程师
杜然然	中国医学科学院	高级工程师
李腾飞	北京有色金属研究总院	高级工程师
马　飞	北京有色金属研究总院	高级工程师
张　超	北京有色金属研究总院	工程师

4

先进基础工艺

柳百成[1] 许庆彦 李文珍

刘辛军 刘志峰

1 清华大学教授、院士

一、概述

我国制造业已是世界制造大国。根据世界银行统计，2013 年我国制造业增加值为 35066.3 亿美元[1]，连续多年成为世界制造第一大国[2]。美国制造业增加值为 19438.1 亿美元，位居第二，日本和德国分别为 9045.9 亿美元和 7602.6 亿美元，位居第三和第四[1]。

新中国成立以来，特别是改革开放以来，我国制造业虽然取得了举世瞩目的成就，但是大而不强的问题十分突出，主要表现在以下几方面。

1. 创新能力薄弱，研发投入不足

2013 年我国研发投入占 GDP 的 2.08%[3]，首次突破 2%大关。但是，与工业发达国家大于 2.5%相比，仍有差距。

我国制造企业的研发投入与销售收入之比，和工业发达国家相比，差距更大。2010 年，我国制造企业研究与开发投入仅占销售收入的 1.2%，而美、德、日则分别为 4.7%、2.9%及 3.8%。

2. 关键核心技术没有掌握和共性基础技术薄弱

我国制造业及制造技术在总体上，仍处在中低端水平。同时，长期以来，“重产品，轻工艺”的现象十分突出。例如，我国自行研发的 C919 已经正式下线[4]，但发动机全部靠引进。例如，近年来，我们加大了对高档数控机床的研发投入，在中低端数控机床领域有了突破。但是，高档数控机床仍依赖进口。又例如，我国的 80%芯片仍依赖进口[5]。

3．资源浪费，污染严重

2010 年，我国制造业增加值约占 GDP 的 32.6%，而能耗占全国的 58.0%。我国约 58.3%的原油，58.5%的铁矿石依赖进口[6]。

我国空气和水污染十分严重，雾霾天气已严重影响人民的健康，水污染事故占重大环境污染一半左右，根据监察部的统计分析，国内近几年每年水污染事故都在 1700 起以上[7]。

我国制造业又面临新的挑战。

一是工业发达国家的“再工业化”造成的新冲击；

二是新科技及第三次工业革命引起的新变化；

三是经济全球化形成的新格局。

面临新形势，强化工业基础，发展先进基础工艺，是提升竞争力和自主创新能力的基础，是制造业结构调整和转型发展的基础，也是提升产品和装备质量的基础。因此，发展先进基础工艺已刻不容缓。

二、我国先进基础工艺现状

先进基础工艺是指工业装备和产品制造过程中量大面广、通用性强的关键的、共性的先进基础工艺[8]。各行各业都有先进基础工艺，按行业应用特点，基础工艺可分为两类，即通用先进基础工艺和专用先进基础工艺。

通用先进基础工艺，将聚焦于装备制造业（包括机械、运载、航天、航空、轨道、船舶、汽车、能源、电子等）的先进制造工艺（包含加工制造、成形制造、增材制造及制造过程检测控制技术等）。专用先进基础工艺，将主要集中在钢铁、有色及化工等流程领域和纺织、轻工领域等。

本文重点讨论：装备制造基础工艺，电子装备制造基础工艺，纺织、轻工装备制造工艺，钢铁、有色及化工等流程基础工艺。

先进基础工艺现状

新中国成立以来，特别是改革开放以来，我国基础工艺发展迅速，基本形成了较完整的基础工艺体系，能满足中低端产品需求。在某些高端产品及装备领域中提供的先进基础工艺，也已达到国际先进水平。

我国已成为世界铸锻件生产第一大国。近年来，钢产量的快速发展，带动了整个焊接行业的快速发展。重大铸造、锻压、焊接装备不断出现、相应的先进基础工艺也不断提高。如德阳二重集团的 8 万吨模锻压机及 16000 吨水压机（图 1）、包二机的 3.6 万吨垂直挤压机、西安 4 万吨模锻压机、青岛青锻的 16000 吨数控电动螺旋压力机等均取得了重大进展。这些都为我国航空、航天、能源、化工、船舶、车辆等制造工艺技术提供了技术支撑。

图 1　中国二重集团公司的 8 万吨模锻设备及 16000 吨水压机

大型汽车覆盖件自动冲压线等多类设备已达到国际先进水平（图 2）并出口国外。

图 2　济南二机的大型汽车覆盖件自动冲压线

在加工制造领域，已进入到以发展高速切削、开发新的切削工艺和加工方法、提供成套加工技术为特征的发展新阶段。已经研制了龙门及卧式五轴加工中心等重点装备。研究先进加工制造技术中的多轴联动、高速切削加工工艺与编程等关键技术，为我国航空、航天、能源、化工、船舶、车辆等制造工艺技术提供了技术支撑。

先进基础工艺主要差距

但是，长期来政府部门及企业“重型号，轻工艺”、“重产品、轻工艺”，在工艺领域又“重冷（加工制造）轻热（成形制造）”。基础工艺薄弱，已成为建设制造强国的主要瓶颈之一。

总体而言，我国基础工艺仍停留在中低端水平，难以满足中高端制造产品的需求。现以若干案例来表述我国基础工艺存在的差距。

案例 1

航空发动机及重型燃气轮机热部件制造工艺，如高温合金定向和单晶叶片及涡轮盘等制造技术薄弱。

我国自行研制的 C919 大飞机的发动机全部依赖进口[9]（图 3、图 4），其中发动机热部件制造技术十分薄弱。

图 3　正式下线的 C919 飞机

图 4　C919 飞机依赖进口发动机

重型燃机的热部件问题更为突出，全部依赖进口（图 5）。航空发动机单晶叶片制造工艺十分复杂[10]（图 6），需要国家加大投入。

图 5　航空发动机及重型燃机高温合金定向凝固叶片

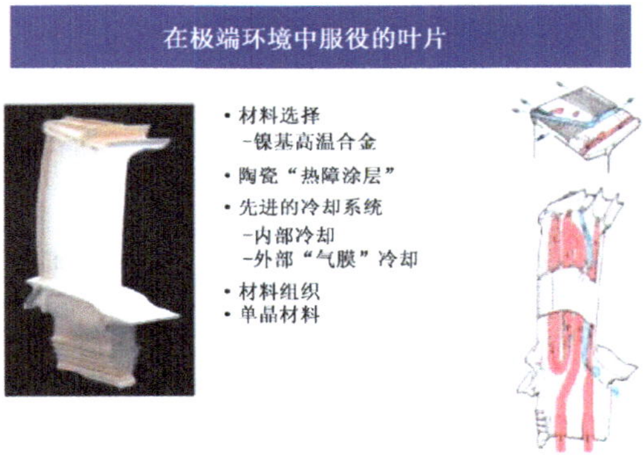

图 6 单晶叶片气道设计、定向凝固及涂层技术

案例 2

重型能源装备的特大型锻件工艺缺失。

部分能源及船舶装备的大型铸锻件（特别是特大型转子锻件）仍全部或部分依赖进口[11]（图 7、图 8）。重型能源装备的特大型锻件工艺缺失，以锻件合格率为例，日本接近 100%，而国内仅 70%左右。又例如，核电站某锻件用钢锭，日本钢锭为 236 吨，而国内则需用 350 吨钢锭，材料利用率低。

图 7　特大型核电站转子锻件

图 8　船用大型曲轴用锻件

案例 3

我国 04 重大科技专项支持多项高档数控装备研发，均因可靠性差、结合基础制造工艺不够而未能验收。无锡柴油机集团公司选用的国产数控流水线将近两年仍未正常运行。又例如，中国二重集团公司研发成功的 8 万吨模锻设备，因模锻工艺的模具未能同时开展研究等原因，开工率仅 20-30%左右。

案例 4

汽车基础制造工艺数据缺失，无法满足汽车大规模、高效率、高品质、一致性的要求。

自2001年底加入WTO后，我国经历了汽车工业发展的黄金十年，并于2009年成为世界第一汽车产销大国。2014年我国汽车产销量双双突破2300万辆，连续六年位居全球第一。但是，伴随产品的不断升级换代，国外高技术零部件优势凸显，国产工艺装备不能满足质量需求。致使本身技术竞争力就弱的自主品牌的成本优势也逐步消失。汽车用高精度、高稳定性多轴数控加工设备进口依存度达90%以上。中国汽车工业自主发展目前已到了十字路口，产业正处于向制造业高端转型的危急时刻。

案例5

超精密光学磨床与国际相比仍然有较大差距。

超精密磨削技术是实现超光滑表面的最佳手段，对国防科技、航空航天、电子信息等领域的发展意义重大。英国克兰菲尔德大学精密工程公司研制出了OAGM2500大型CNC超精密磨床，如图9所示，其平面加工的精度可以达到1μm，偏轴的非球面镜的加工精度是2.5μm，表面的粗糙度可以达到2~3nm。相对而言，代表我国高精度平面磨床最高技术水平的MG732、MGK7120x6型精密数控平面磨床的加工精度为5μm/1000mm，粗糙度为0.04~0.08μm。所以说，国内平面磨床目前尚限于精密级水平，与超精密磨削的精密度要求还有非常大的差距。

图9　大型数控超精密机床OAGM

案例 6

钟表类精细制造工艺与相关精密加工设备与先进国家相比存在较大差距

尽管我国已成为世界钟表的制造大国，但在目前，我国中高档手表机芯主要还依赖于进口，主流产品的工艺质量、走时精度、走时稳定性和使用可靠性等基础指标与瑞士和日本先进国家相比还存在较大差距。例如，目前我国主夹板加工普遍沿用单一功能加工设备分多次切削成型，与瑞士同类产品相比，加工精度差距很大，产品走时稳定性和可靠性差；我国游丝发条制造设备、加工工艺落后，尺寸精度离散度大，不能满足高档表需求。特别是市场看好的高档表和女表用游丝加工技术，是瑞士企业的垄断技术（图 10）。由于技术难关不能突破，长期依赖进口，难以开成规模化生产，已成为制约我国高档表发展的瓶颈技术。

图 10　瑞士游丝加工技术

先进基础工艺存在主要问题

先进基础工艺的主要问题，可以归纳为以下 4 个方面。

1. 工艺技术落后，产品质量与寿命与发达国家有明显差距

我国中低端铸锻件的生产能力过剩，而高端铸锻件制造依然困难，如航空发动机、重型燃气轮机和核电等领域的关键铸锻件仍依赖进口。

我国热处理工艺与发达国家的差距，在产品质量上最为明显。如国产通用零部件产品寿命一般为国外同类产品寿命的 30%-60%。在热处理控制变形方面，我国 90%以上零件变形超差，而工业发达国家的热处理工艺则能做到无变形的先进水平[12]。

在数控装备加工制造基础技术方面，缺乏进行制造工艺、装配工艺等方面的研究。例如，现代国防装备对零部件的材料、结构、加工工艺都有一定的特殊性和加工难度，用传统加工制造方法无法达到要求，必须采用多轴联动、高速、高精度的数控机床才能满足加工精度要求，高端设备加工工艺方法一直处于国外垄断。

同时，长期以来，企业基础工艺技术数据积累少、制度不完善。

2. 数字化水平薄弱

我国基础工艺的数字化水平仍然很低。部分产业，如铸造企业已采用工艺建模与仿真技术。但是，多数行业的基础工艺如热处理工艺仍停留在“试错法”水平，仅凭经验来提高产品质量。工艺专用的模拟仿真商品化软件的研究与开发远落后于工业发达国家，某些领域的商品化工业专用软件完全被国外所垄断。

3. 资源消耗高，环境污染严重

我国生产每吨合格铸铁件的平均排污（废渣、废砂、废气）是工业发达国家的 3~6 倍，单位产值能耗为发达国家 4 倍，单位产值消耗钢材为发达国家 1.5 倍。我国热处理企业平均单位能耗约 500kW・h，仍远落后于单位能耗 300～400kW・h 的国际先进水平，高污染、高危害、高危险的盐浴热处理在我国还大量存在[13]。

4．生产效率及劳动生产率低

我国铸造企业人均年产量平均水平为15～20吨/年人，仅为国外的1/4～1/6；锻造工人平均产量为发达国家的1/3；热处理行业的全员劳动生产率仅达到世界先进水平的1/6左右。

三、国外强化基础制造工艺的经验

“他山之石，可以攻玉”。近年来，美国、德国、英国、韩国等工业发达国家在重振先进制造业的有些做法，值得我们重视和借鉴。

美国先进制造伙伴计划及国家制造创新网络

在美国虽然制造业仅占国内生产总值的12%，但对于美国国家的经济建设和国家安全发挥着非常关键的作用。美国国内产业70%的研发活动和90%的企业专利都来自于制造业。

2011年6月，美国政府正式启动了“先进制造伙伴计划”（Advanced Manufacturing Partnership）[14]。2012年2月，美国国家科技理事会发布《先进制造业国家战略计划》，正式将先进制造业提升为国家战略，以抢占新一轮全球制造业竞争的优势地位。2013年10月总统办公室又发布“加快发展美国先进制造业”报告。

为贯彻和实施先进制造伙伴计划，美国政府专门成立“先进制造业伙伴计划”指导委员会（Advanced Manufacturing Partnership Steering Committee），以确保美国制造业在全球的竞争能力。委员会由著名企业家和学术界专家和教授组成，并由道化学公司首席执行官及麻省理工学院校长担任主席。

先进制造业伙伴计划“指导委员会”提出要优先支持 11 项交叉、跨学科的先进制造技术，其中先进成形制造技术、可持续制造技术、先进制造装备及先进过程检测与控制等 4 项均属先进基础制造技术。

根据指导委员会的建议，2012 年 3 月，奥巴马总统提出《国家制造业创新网络计划》(National Network for Manufacturing Innovation，NNMI)。报告同时指出，美国有全世界都羡慕的基础研究及企业拥有很强的产业化能力，但是中间（技术成熟度 4-6 级）存在鸿沟，把它称之为“死亡谷”，如图 11 所示。为此，要建立一批从事竞争前关键共性技术研究的制造创新研究院，如图 12 所示，并组成国家制造创新网络。

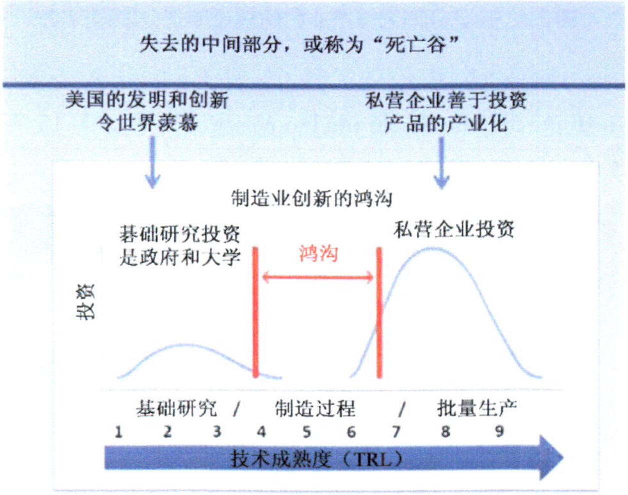

图 11　美国在全球竞争中的基础研究与成果产业化之间存在鸿沟

2013 年 1 月，美国总统执行办公室、国家科学技术理事会和先进制造业国家项目办公室（AMNPO）联合发布了《国家制造业创新网络：初步设计》。美国制造创新网络计划的核心是集中产学研力量推动数字化制造、新能源以及新材料应用等先进制造业的创新发展，从而使美国在全球制造业新一轮变革中抢占先机，继续保持领导者地位。

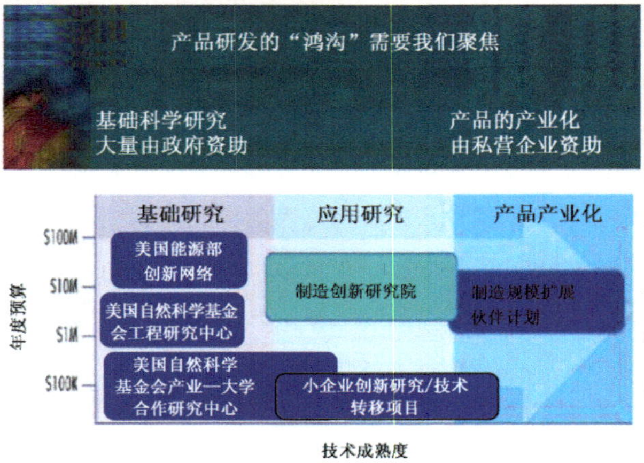

图 12　在基础研究与产业化间建设制造创新研究院

根据建议，第一批要建设 15 个独立、非营利的从事应用研究的制造创新研究院（Institute for Manufacturing Innovation）[15]，如图 13 所示。长远计划要建立 45 个制造创新研究院。

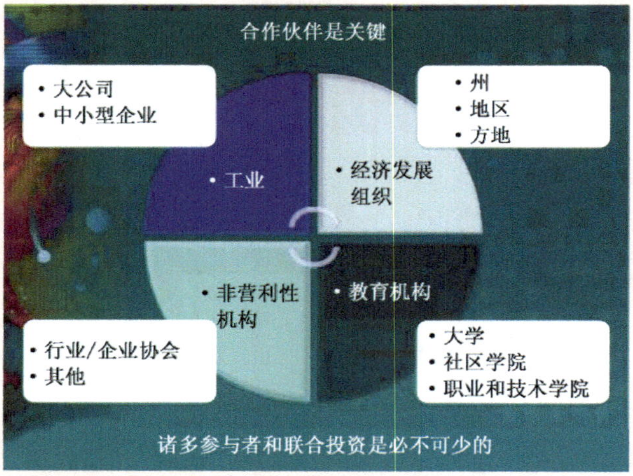

图 13　制造创新研究院由政、产、学、研等单位组成联盟

2013 年，已成立"增材制造"、"数字化制造与设计"、"轻量化材料制造"、"下一代电力电子制造" 等 4 个创新研究院。对每个创新研究院政府平均投

入 7000 万美元，并组成政、产、学、研协同创新联盟（图 13），由联盟联合投入 7000 万美元。以增材制造创新研究院为例，由 85 家企业、13 家高校、9 家社区学院及 18 家非营利组织等单位组成协同创新联盟。

2014 年美国又新启动了 5 个制造业创新研究院。其中有“柔性混合电子（芯片）制造”（Flexible Hybrid Electronics Manufacturing），“集成光电子制造”（Integrated Photonics Manufacturing），“智慧制造”（Smart Manufacturing），先进复合材料制造（Advanced Composites manufacturing），新一代纤维和纺织（Revolutionary Fibers and Textiles）等创新研究院。

美国十分重视加强先进制造技术的竞争前共性技术的研究，认为这是国家应该支持和投入的重点。美国建立的九所制造创新研究院中，其中增材制造、数字化制造与设计、轻量化材料制造、先进复合材料及智能制造等五所创新研究院与基础工艺和基础材料密切相关。

应该指出，美国在应用基础研究与企业产业化之间，建立一批由国家支持的国家制造业创新研究院的做法，值得我们借鉴。前几年，我国大院、大所改制后，在应用基础研究与企业成果产业化之间，造成了共性基础研究缺位。引起了产、学、研、用之间的严重脱节。这一缺位现象急待解决，到了刻不容缓的时刻。

德国工业 4.0

德国是全球制造业最具竞争力的国家之一，为巩固其全球领先地位，在新一轮工业革命中占领先机，德国在 2013 年 4 月汉诺威工业博览会上正式提出“工业 4.0”战略。它是德国政府《高技术战略 2020》中确定的十大未来项目之一。“工业 4.0”实施的主要目的是确保德国成为智能制造技术的主要供应商和产品的主导市场，维持其在全球市场的领导地位，塑造其制造业在全球范围内的新的竞争优势。

工业 4.0 将工业发展分为 4 个阶段，也可称之为工业革命的 4 个阶段[16,17]。

工业 4.0 的核心思想是将虚拟世界和现实世界联系在一起创建一个真实的网络世界。它通过确定和识别工厂中每个工作单元的活动，配置合理的选项和生产条件，为工厂提供最优化的生产过程。在生产系统中部署网络—实体物理融合系统，将实现单机智能设备的互联，不同类型和功能的智能单机设备的互联组成智能生产线，不同的智能生产线间的互联组成智能车间，智能车间的互联组成智能工厂，不同地域、行业、企业的智能工厂的互联组成一个制造能力无所不在的智能制造系统；这些单机智能设备、智能生产线、智能车间和智能工厂可以自由动态地组合，这一灵活的生产系统能够从根本上允许生产流程的实时自优化，以满足不断变化的制造需求。

英国制造的未来计划

近年来，为了重振制造业，英国政府发表了《未来的制造（**The Future of Manufacturing**》文件，副标题为**“英国面临机遇和挑战的新时代”**[18]。其任务是要加快研究成果的产业化，推进英国先进制造业的发展与成功。为此，提出要建设 7 项高价值制造研发促进中心（**High Value Manufacturing Catapult Center**）[19]，其中主要有：先进成形研究中心（AFRC）、先进制造研究中心(AMRC)、过程创新(CPI)、制造技术中心（MTC）、国家复合材料中心（NCC）原子核先进制造研究中心(Nuclear-AMRC)等基础制造技术领域。

韩国创新平台

近年来，韩国针对国际形势发展，深感要加强制造业的创新能力，提出“振兴韩国经济的创新平台计划（Innovation Platform for Revitalizing the Korean Economy）”[20]。

工业创新的任务是：创建与新信息技术集成的包含制造业及服务业的新的工业结构。其目标是：建立具有全球创新优势的平台。

创新平台提出 8 项战略，其中之一就是要“转变制造业成为智能与服务集成的制造业”。

四、先进基础工艺发展趋势

基础工艺发展趋势可归纳为 4 个方面：一是基础工艺与高技术集成，二是基础工艺与信息化深度融合，三是在极端条件下的基础工艺技术，四是绿色基础工艺技术。也可细化归纳为“七化”，即高技术化、数字化、智能化、极端化、精密化、轻量化、绿色化。

制造技术与高技术集成（高技术化）

航空发动机及重型燃汽轮机热部件制造技术是制造技术与高技术集成的典型案例。

航空发动机叶片已从第一代等轴晶发展到第二代柱状晶及第三代定向凝固单晶空心叶片[21]（图 14）。定向凝固单晶叶片依赖于高温合金研发、叶片创新设计、精密铸造和定向凝固技术及陶瓷材料涂层等多项高科技技术的集成（图 15）。我国在大尺寸重型燃机定向凝固叶片成形制造工艺方面仍是空白[22]。

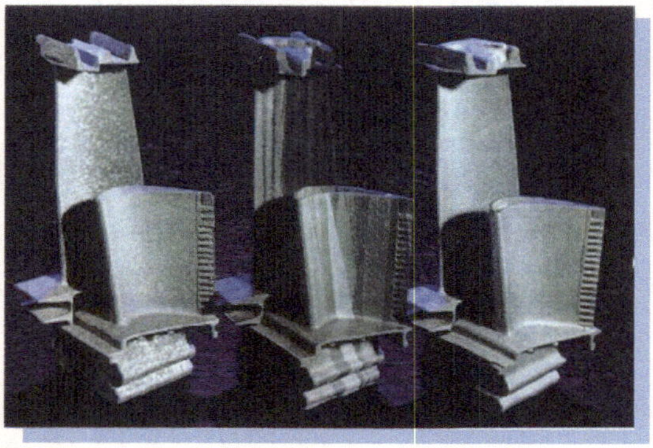

图 14　第一、二、三代航空发动机高温合金叶片

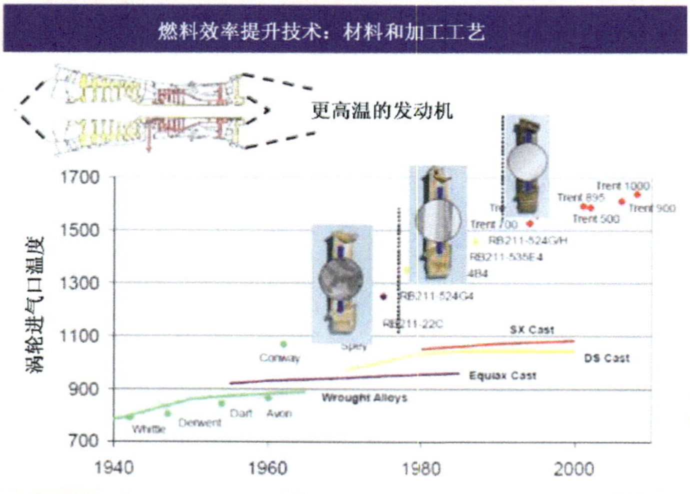

图 15　定向凝固叶片承温能力的提升依赖于高温合金定向凝固、热障涂层、冷却通道的设计等技术

数字化智能化技术深度融合(数字化、智能化)

1. 数字化制造

建模与仿真技术是数字化制造的核心技术[23]。美国“先进制造伙伴计划（Advanced Manufacturing Partnership）”的目标之一，要求制造产品的研发周期和费用要降低一半（Half the time, half the cost）[24]。

以美国研发波音 787 飞机为例，在数字化设计 777 的基础上，实现了设计、制造、研发及全寿命周期的 4 方面的数字化。加工制造行业已经实现了基于物理过程模拟的数字化加工技术。

建模与仿真正在从宏观发展到微观，美国启动的“材料基因组计划”，将集成计算材料工程（Integrated Computational Materials Engineering[25]）作为重要内容（图 16）。福特汽车公司提出“从原子到汽车(发动机)”的技术路线图（图 17）。

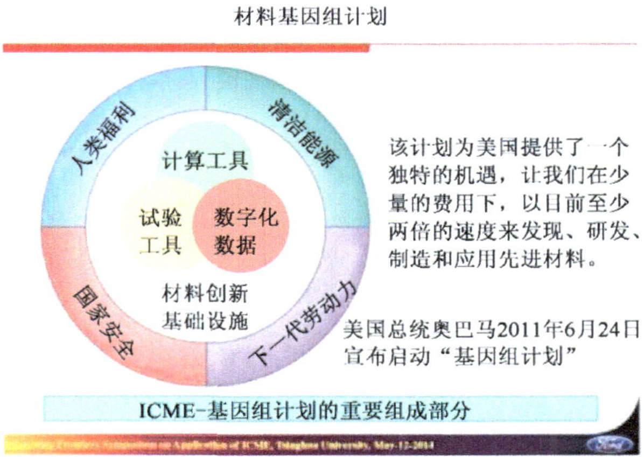

图 16　ICME 是材料基因组计划的重要内容

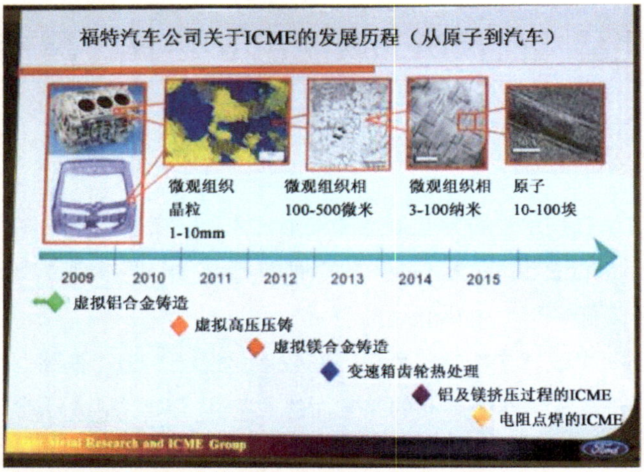

图 17　福特汽车公司关于 ICME 的技术路线图

英国航空发动机涡轮盘锻件实现全流程数字化建模与仿真（图 18）。美国 GE 公司采用集成计算材料工程技术（Integrated Computational Materials Engineering）进行航空发动机叶片工艺-组织-性能预测建模与仿真（图 19）。

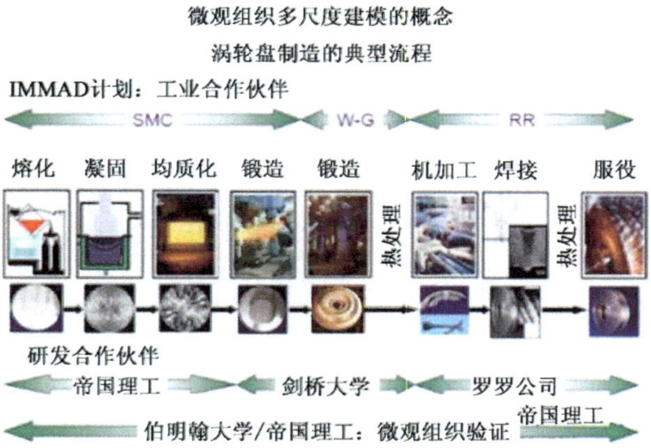

图 18　英国罗-罗公司航空发动机涡轮盘锻件全流程建模与仿真

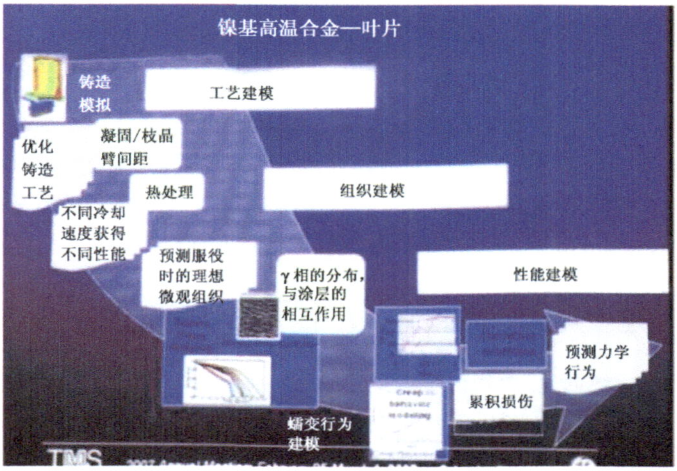

图 19　美国 GE 公司采用 ICME 技术进行航空叶片工艺-组织-性能预测

高性能计算机的发展，为大规模计算提供了条件。波音公司 2005 年研发 B767 时，要进行 77 次风洞实验；而现在研发 B787 时，只需进行 11 次实验，大大缩短研发周期，降低研发成本。美国通用电气公司采用由 10000 个处理器组成的高性能计算机（HPC），模拟和优化了发动机喷嘴设计（图 20），大大提高了发动机的效率，降低油耗，减少污染。

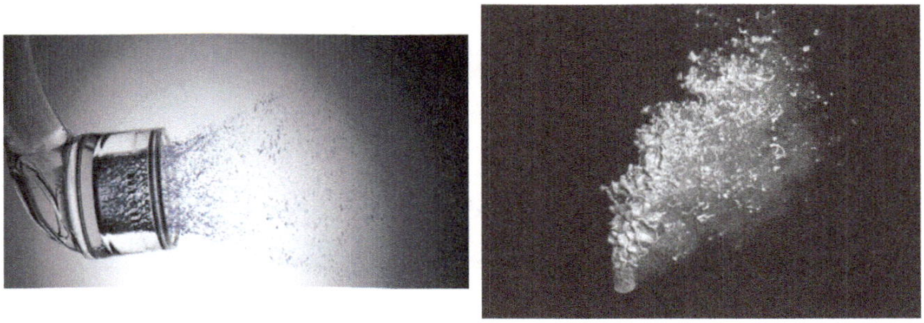

图 20　航空发动机喷嘴的建模与设计优化

2. 增材制造（Additive manufacturing）

增材制造技术是数字化制造发展的又一重要方向。美国把数字化设计和增材制造技术集成，成为加快研发周期、缩短研发成本的有效途径。GE 公司已正式采用“直接金属激光熔化（Direct Metal Laser Melting）技术”，批量制造航空发动机高温合金喷嘴（图 21、图 22），提高了 5 倍的使用寿命[26]。美国在航空工业钛合金的增材制造领域取得重要进展（图 23），我国西北工业大学及北京航空航天大学也取得重要进展，采用增材制造研制的钛合金大型构件（5000*2500*600mm），已在飞机上应用[27,28]。

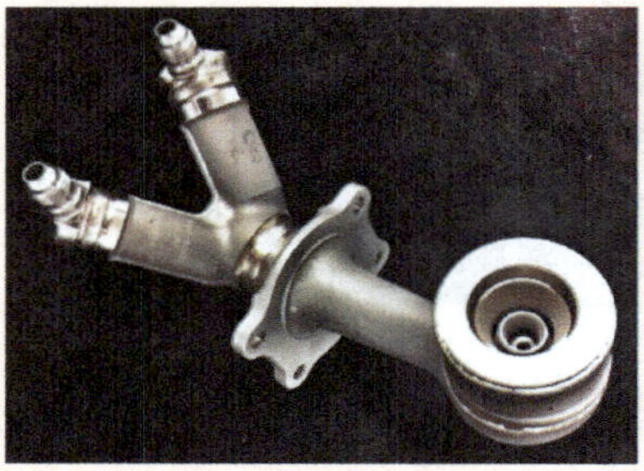

图 21　航空发动机高温合金喷嘴

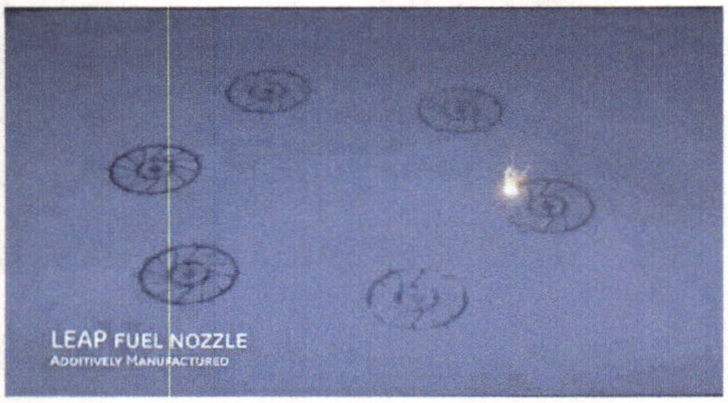

图 22　增材制造打印喷嘴（DMLM 技术）

图 23　激光快速成形制造的战机后机身隔框

3. 智能化制造

近年来，美国专门建立了“数字化制造与设计”及“智慧或智能制造（Smart Manufacturing）”二个国家级制造创新研究院。

美国提出数字化制造与设计创新研究院的主要任务是：全生命周期的数字化，从产品设计、产品试制、产品生产、产品检验到产品发货的全过程的数据采集、分析、优化和集成（图 24）。做到创新产品又好、又快、又省，并且更有效、更优化、更有竞争力。数字化制造与设计实际上是智能制造的核心内容，或称之为脊梁（backbone），将为未来的智能制造指引方向和途径。很多专家指出，实际上这也就是“智能制造”，或称之为工业 4.0。

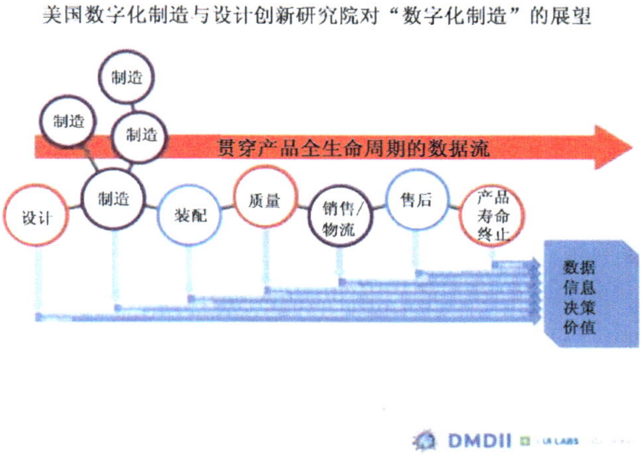

图 24　全生命周期的数字化（智能化）制造视野

美国智能制造创新研究院的全称是：基于智能制造的清洁能源创新研究院：先进传感器、控制、平台及制造过程模型，并提出智能制造的关键是：先进传感器，高级过程控制，制造工艺模型与工业分析软件及测试与实验平台。

根据美国企业界的调查，有约 81%的企业认为数字化制造与设计及智能制造智能化对提升未来的竞争能力十分重要，但是仅有约 14%的企业认为已完全具备开展此项研究的装备和条件。

因此，对发展智能制造要采取积极推进而又循序渐进的态度。

超常工作条件下的制造技术（大型化、微纳化、极端化）

现以大型化为例，我国已是铸造大国，生产的最大铸件重达 520 吨，需钢液 830 吨[29]。但是，我国大型锻件工艺技术与质量与国外相比，仍有差距。日本大型锻件成品率接近 100%，而我国约为 70%左右。某些核电站锻件，日本采用 236 吨锻件，而我国则需要用 350 吨锻件[30]。

重型和超重型机床是一个国家机床行业是否强大的标志。目前，中国自主开发研制的重型、超重型机床产品基本满足了一些国家重点工程需要[31]。自主研制的 3.6 万吨黑色金属垂直挤压机（如图 25 所示）是世界上最大的挤压设备，标志着中国大口径厚壁无缝钢管制造技术达到世界领先水平[32]。北京第一机床厂和北京工业大学等联合开发的数控重型桥式龙门五轴联动车铣复合机床龙门跨度达到目前世界最大的 10.5 米。武汉重型机床集团有限公司研制的超重型数控卧式镗车床最大工件回转直径为 6300mm，成功用于毛坯重量为 540 吨国产第一支 1100MW 核电半速转子的加工和重量为 450 吨国产第一支五米轧机超重型支撑辊的加工。

图 25　3.6 万吨黑色金属垂直挤压机

尽管中国重型机床行业在最近几年取得可喜的发展，但核心技术和基础研究仍显不足，机床可靠性、稳定性不高，机床整体制造工艺水平与质量有欠缺，高档重型数控机床仍需大量进口。比如：国产中高档重型机床的平均无故障工作时间不高于 1200 小时，而进口高档产品大多在 2000 小时以上[33]。

轻量化、精密化、绿色化制造工艺

绿色制造要贯彻“3R”原则，即减量化、再利用、再循环（Reduce, Reuse, Recycle）。而且，应该首先从减量化开始，减少材料及能源的消耗，如图 26 所示。其中，轻量化和精密化是主要发展趋势。

1. 轻量化和精密化

例如，2004 年美国通用汽车公司公布的汽车材料用量的百分比（图 27），对比 1997 年和 2004 年的变化，可以清晰看出钢铁黑色材料的用量已从 71% 降低到 52%[34]，汽车每降低重量 10%，可减少油耗 7%,减少污染排放 10%。

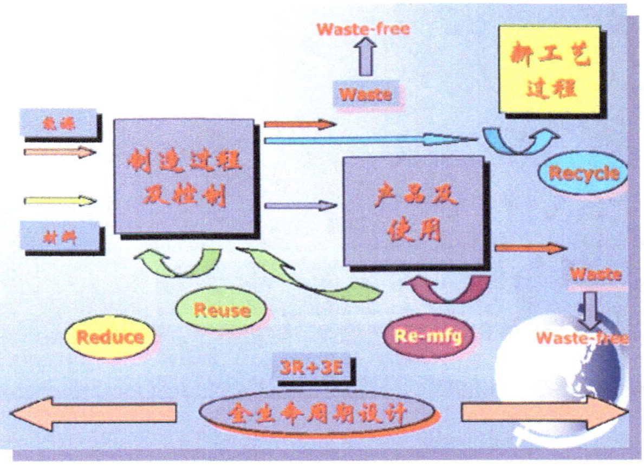

图 26　绿色制造的 3R 原则（减量化、再利用、再循环）

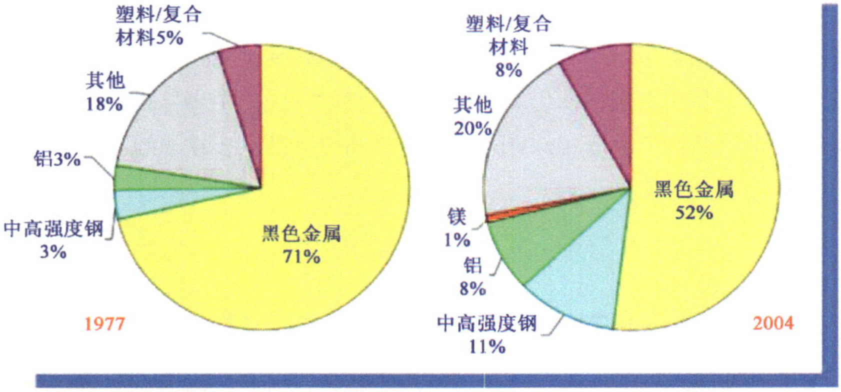

图 27 美国 GM 公司公布的汽车材料用量百分比（1977 vs 2004）

2012 来，中-美-加三国联合研发关于“镁合金前车架”项目，预期可减重 44.5%，减少零件 57.3%（图 28）[35]。工业发达国家汽车工业已广泛采用铝合金及镁合金精密成形制造工艺（图 29）。

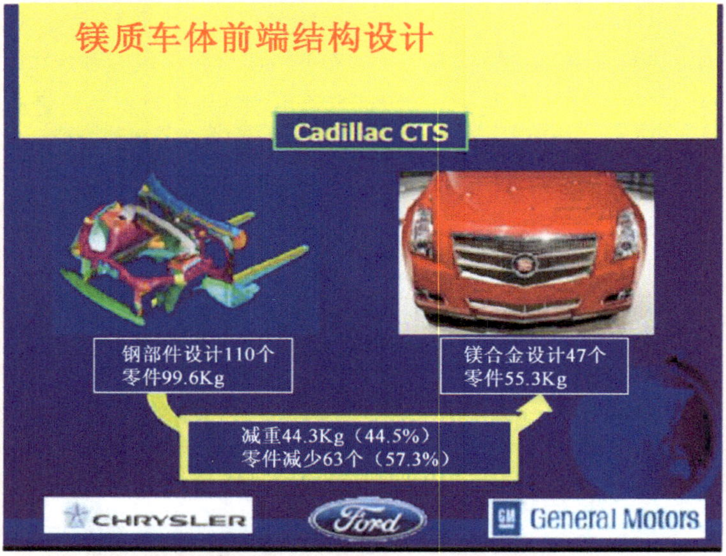

图 28 镁合金前车架部件减重 44.3 公斤，减少零件 63 件

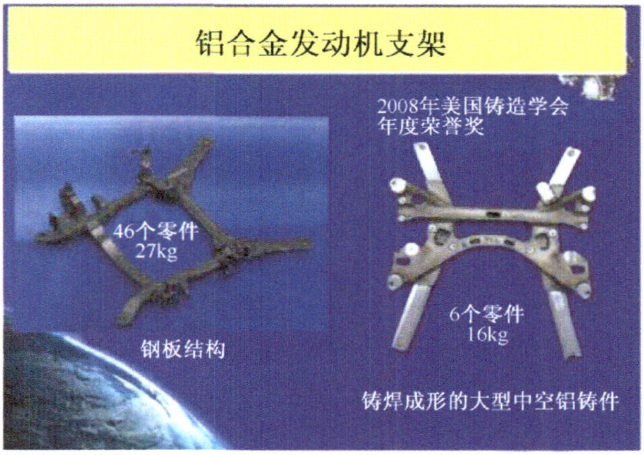

图 29　铝合金发动机支架代替钢支架重量从 27 减为 16 公斤

2. 再循环、再利用

再循环、再利用是绿色制造另一重要途径。镁合金被誉为“绿色材料”，因为它便于回收和再利用。美国 Meridian 压铸工厂专门建立了镁合金回收车间，如图 30 所示。

图 30　美国 Meridian 压铸工厂的镁合金再利用流程

五、先进基础工艺发展重点

工业强基是《中国制造 2025》的五大重要工程之一。发展先进基础工艺，要有所为、有所不为，要有重点。要按照：关键、共性、卡脖子、需国家层面支持的原则，要“凝练、聚焦”，要立足于提升先进基础工艺的可持续的创新能力（包含研究基地、平台和创新联盟），避免“碎片化”地全面铺开。

先进基础工艺发展重点

根据以上原则，要重点发展 14 项先进基础工艺，其中 10 项为通用先进基础工艺，4 项为专用先进基础工艺（表 1）。

表 1　十四项重点发展先进基础工艺

1	近净成形制造工艺	2	轻量化材料成形制造工艺
3	先进热处理及表面强化工艺	4	金属增材制造工艺
5	精密及超精密加工工艺	6	高效及复合加工工艺
7	特种成形及加工制造工艺	8	超大型零件成形及加工制造工艺
9	集成电路及半导体器件制造工艺	10	制造过程数字化、智能化技术
11	绿色钢铁流程基础工艺	12	资源节约、环境友好的石化流程基础工艺
13	纺织领域先进基础工艺	14	轻工领域先进制基础工艺

其中重点项目的有关技术内容如下。

1. 近净成形制造工艺

铸造、塑性加工、连接等成形工艺正在向近净成形（Near Net Shape Technology）方向发展。

发展重点：①航空发动机、重型燃机高温合金熔模铸造及定向和单晶铸造工艺，②航空发动机涡轮盘锻造及粉末冶金工艺，③精密高效塑性成形工艺，④高精度激光焊接工艺与相应高技术焊接材料技术，⑤精密注塑成形工艺。

2. 轻量化材料成形制造工艺

轻量化不仅是高端装备及产品的需求，也是绿色制造发展的重要方向。轻量化材料既包含铝、镁、钛等轻金属，也包含能减轻重量的超高强度钢等。

发展重点：①铝及镁合金压力下铸造成形工艺（低压、半固态、高真空压铸），②轻量化材料焊接工艺，③复合材料构件成形制造工艺，④铝及镁合金液压及塑性成形工艺，⑤超高强度钢成形工艺。

3. 先进热处理及表面强化工艺

热处理及表面强化是十分重要而又比较薄弱的基础工艺，而它很大程度上，决定了产品及零部件的最终寿命。

发展重点：①复杂结构零件性能及变形控制热处理工艺，②清洁热处理表层硬化工艺，③绿色高效真空热处理技术，④等离子喷涂及注入技术，⑤激光及电子束表面改性技术。

4. 金属增材制造工艺

增材制造又称 3D 打印。经过多年发展，已从原型制造发展为金属直接制造成零件。增材制造与数字化制造相结合，将大大缩短研发周期和研发费用。

发展重点：①激光粉末烧结成形工艺，②选择性激光烧结工艺，③高能束流增材制造工艺，④增材制造用高性能金属粉末制备工艺。

5. 精密及超精密加工工艺

加工制造正在向精密及超精密方向发展，精密是指精度在 0.1 ~ 8 微米，超精密是指 0.1 ~ 100 纳米。当前精密加工工艺的关键问题是精度及可靠性差，难以满足用户，特别是汽车行业的需求。

发展重点：①精密及超精密装备（部件制造、整机装配）批产工艺，②精密及超精密加工（切削、磨削、研磨、抛光）工艺，③（超）微细加工及装配工艺，④加工工艺精度、可靠性分析、评价、实验及寿命预测。

6. 高效及复合加工工艺

高效及复合加工可以实现一次装夹，同时实现多工序或多面体加工。复合加工是经济可靠地实现高成形精度和极低的（可达 10nm 级）表面粗糙度，是航天航空行业、汽车工业发展的关键工艺。

发展重点：①高效及复合加工装备制造、装配及批产工艺，②高速及超高速切削加工与装配工艺，③复合材料切削加工工艺，④高效磨削加工工艺，⑤难加工金属材料（硬、脆、粘等）高效切削工艺。

7. 特种成形及加工制造工艺

发展重点：①碳纤维等复合材料成形及连接工艺，②激光、电子束、离子束、等离子弧等高能束加工工艺，③精密电火花加工工艺，④精密电解加工工艺。

8. 超大型零件成形及加工制造工艺

超大型装备及产品的制造工艺是极端制造的重要发展领域。

发展重点：①超大型铸锻件成形制造工艺，②超大型结构件焊接工艺，③超大型零件热处理工艺，④超大型零件切削加工工艺。

9．集成电路及电子器件制造工艺

发展重点：①28～14nm 集成电路先进制造工艺，②集成电路高密度先进封装及 3D 微组装工艺，③电子器件超精密加工工艺，④传感器等元器件超精密加工工艺。

10．制造过程数字化、智能化技术

模拟仿真技术是制造过程数字化智能化的基础技术，正在从工艺仿真向工艺-组织-能预测，从宏观向微观、及多尺度，从单元工艺仿真向全流程模拟仿真技术发展。

发展重点：①先进成形及加工制造过程多学科、多尺度建模与仿真（工艺-组织-性能预测），②先进成形及加工制造过程的数字化、智能化技术，③智能柔性成形及加工制造过程及在线监控技术，④基于网络的设计-制造-服务一体化技术，⑤虚拟制造、装配及 3D 可视化技术。

11．绿色钢铁流程基础工艺

资源节约、环境友好的可持续发展战略是钢铁流程制造的主要发展趋势。

发展重点：①低品位复杂成分铁矿深部无废采选成套工艺，②新型高效烧结生产与烟气治理协同控制工艺技术，③绿色、高效焦化工艺基础集成技术，④薄板坯高速连铸无头轧制基础工艺，⑤钢铁制造全流程物质流高效运行、钢材组织性能及表面质量预报和在线监控基础工艺技术，⑥钢铁制造工艺流程中的能量流网络构建和集成优化基础技术。

12．资源节约、环境友好的石化流程基础工艺

发展重点：①提高燃油经济性和油品质量的基础工艺，②重劣质原油资源最大化利用技术，③低成本低碳烯烃生产新工艺，④CO_2 资源化利用技术，⑤绿色生态农药创新的关键工艺，⑥生物炼制关键技术。

13. 纺织领域先进基础工艺

发展重点：①新一代连续聚合纺丝工艺，②先进非织造加工工艺，③工业用纺织品特殊织造及多工艺复合加工工艺，④先进印染关键工艺。

14. 轻工领域先进制基础工艺

发展重点：①食品生物工程绿色制造工艺，②造纸清洁生产与节能减排降耗先进工艺，③水性生态聚氨酯合成革制备工艺。

先进基础工艺领域 12 项重点突破口

按照关键、共性、卡脖子、需国家层面支持的原则，要“凝练、聚焦”，要立足于提升先进基础工艺的可持续的创新能力的原则，可进一步再选择 12 项标志性的先进基础工艺（表 2）作为突破口，要集中优势力量，组织产学研用协同创新联盟，进行研究与开放和攻关，并建立相应的研究开发中心或基地。

表 2　十二项先进基础工艺重点突破口

1	航空发动机重型燃机高温合金熔模铸造及定向和单晶铸造工艺
2	铝及镁合金液压、冷弯等精密塑性成形工艺
3	增材制造用高性能金属粉末制备工艺
4	精密及超精密加工（切削、磨削、研磨、抛光）工艺
5	碳纤维等复合材料成形及连接工艺
6	超大型结构件成形、焊接、热处理及加工工艺
7	28-14nm 集成电路先进制造工艺
8	基于网络的设计-制造-服务一体化技术
9	钢铁制造全流程物质流高效运行、钢材组织性能及表面质量预报和在线监控基础工艺
10	提高燃油经济性和油品质量的基础工艺
11	工业用纺织品特殊织造及多工艺复合加工工艺
12	造纸清洁生产与节能减排降耗先进工艺

六、先进基础工艺发展战略

发展目标

1. 2020 年

针对 14 个重点发展先进基础工艺领域，可选择 10～15 项具有战略性、带动性的关键先进基础工艺，进行研究与开发，技术上达到国际先进水平，并建成示范基地。

针对 14 个重点发展先进基础工艺领域，可以试点建立一批（5～10 个）国家级创新研究中心及一批（5～10 个）产、学、研、用协同创新联盟。

2. 2025 年

14 个重点发展先进基础工艺研究与开发全面取得进展，先进基础工艺总体上达到国际先进水平。

合理布局创新研究中心及协同创新联盟，建成 14 个（其中部分可整合现有国家级实验室或研究中心，部分可以试点新建）具有可持续创新和进一步提供先进基础工艺的能力和平台。

发展战略

1. 加大研发投入、实施“工业强基工程”

长期来政府部门及企业“重型号，轻工艺”，在工艺领域又“重冷（加工制造）轻热（成形制造）”。建议要加强对基础工艺的重要作用的认识。

共性技术的研发，或竞争前技术的研发单靠企业无法完成，一定要靠政府部门加大对关键共性先进基础工艺的研发投入。应该设立“先进基础工艺研究基金”。

在《中国制造2015》中实施“工业强基工程”时，要加强顶层设计，要站在战略高度，要从国家层面出发，制定有科学根据的实施计划，而不是一拥而上，伸手向国家要钱。

2. 建设5~10个独立、非营利的，能为跨行业、或全行业服务的先进的、关键的、竞争前共性基础工艺创新研究中心。

可以整合、重组已有研究平台及国家工程实验室，发挥已有国家工程实验室、国家工程技术研究中心，以及行业重点实验室与工程技术研究中心等的作用（前提是：非营利的、能为行业提供竞争前共性技术）。

在现国资委领导下的大型研究院所企业，可实行一院（所）两制，其中有部分专门从事共性基础研究部分及人员，不再用产值及利润来考核，而且要长期固定给予经费支持，鼓励他们安下心来，专门从事关键、先进共性技术研究。

考虑到科技发展的新趋势，要试点建立一批（5~10个）非营利、独立法人的先进基础技术创新研究中心，如：近净成形制造、超精密加工制造、轻量化材料制造、金属增材制造、数字化设计与制造等创新研究中心。

3. 建设基础工艺共性技术创新体系及联盟

在国家级的层面上，组织建立一批独立、非营利的，包括相关企业、大专院校和科研机构在内的多学科交叉的、关键的、先进基础工艺协同创新联盟。

4．加强基础工艺（工程师、高级技工）人才的培养与引进

加强先进基础工艺研发的关键在于人才。不仅是需要有创新思维的领军人才，同时也需要脚踏实地的工程师和高级技工。高等学校不仅要培养科学家，也要培养工程师。

七、参考文献

[1] 2015 World Development Indicators. http://data.worldbank.org/news/release-of-world-development-indicators-2014
[2] 国家统计局. 中国统计年鉴（2011）. 北京：中国统计出版社, 2011
[3] 国家统计局. 2013 年全社会研究与试验发展经费占 GDP2.08%. 新华网, 2014-10-2
[4] 国产大飞机 C919 向全球公开亮相. 中国新闻网，2015-11-2
[5] 中国芯片严重依赖进口 安全性堪忧. 中国日报网，2014-6-9
[6] 2012 年中国矿产资源报告，http://www.clr.gov.CN，2013
[7] 我国水污染现状分析，http://www.askci.com/news/201402/12/ 1217511436016.shtml，2014
[8] 冯宪章. 先进制造技术基础. 北京：北京大学出版社，2009
[9] 国产大飞机 C919 发动机由美方提供让国人失落. 中国青年报，2012-12-3
[10] 陈荣章. 航空铸造涡轮叶片合金和工艺发展的回顾与展望. 航空制造技术, 2002, 2: 19-23
[11] 耿茂鹏，唐建军，饶磊，张莹. 发挥电渣冶金的优势,大力开发大型铸锻件. 材料与冶金学报, 2011, S1: 29-33
[12] 孙枫，王广生，佟小军. 航空工业中热处理现状和发展. 金属热处理,

2014, 39(1): 58-66

[13] 马世久，陈秀和，刘贤，马汝忠. 铸造行业节能减排现状及余热利用实例分析. 汽车工艺与材料, 2014, (1): 23-27

[14] Advanced Manufacturing Partnership. http://www.manufacturing.gov/welcome.html

[15] Institute for Manufacturing Innovation. http://www.manufacturing.gov/nnmi.html

[16] Recommendations for implementing the strategic initiative Industry 4.0 – Final report of the Industry 4.0 working group, Federal ministry of Education and research, April, 2013

[17] 延建林，孔德婧. 解析"工业互联网"与"工业 4.0"及其对中国制造业发展的启示. 中国工程科学, 2015, 17(7): 141-144

[18] The future of Manufacturing. https//www.gov.uk

[19] High Value Manufacturing Catapult Centers. https//hvm.catapult.org.uk

[20] Chang Lee, Innovation Platform for Revitalizing the Korean Economy, Commemoration the 20th anniversary of Nation Academy of Engineering Korea, Seoul, 14 Oct. 2015

[21] 李嘉荣，熊继春，唐定中. 先进高温结构材料与技术. 北京：国防工业出版社, 2012

[22] 李林蓄，刘俊，杨功显. 一种燃机叶片试板定向凝固过程的研究. 东方汽轮机, 2014, (4): 62-66

[23] 柳百成. 数字化制造需要新思维. 中国经济和信息化, 2014, (6): 18-19

[24] Advanced Manufacturing Partnership. https://www.whitehouse.gov/the-press-office/2041/06/24/president-obama-launches-advanced-manufacturing-partner ship

[25] Integrated Computational Materials Engineering. http://www.nap.edu/catalog/12199/integrated-computational-materials-engineering-a-transformational-discipline-for-improved-competitiveness

[26] 选区激光熔化技术发展现状及在民用飞机上的应用，思达思克工业服务. http://www.laserfair.com/yingyong/201503/30/60354.html
[27] 黄卫东，林鑫. 激光立体成形高性能金属零件研究进展. 中国材料进展, 2010, 29(6): 12-27
[28] 王华明. 高性能大型金属构件激光增材制造：若干材料基础问题. 航空学报，2014, 35(10): 2690-2698
[29] 路艳艳. 中国制造“在路上”. 机电商报. http://www.meb.com.cn/ news/2014
[30] 张颖一. AP1000 关键设备大型铸锻件国产化的难点及国内外能力简述. 核电站新技术交流研讨会，深圳，2010-11
[31] 中国制造 2025 系列解读. http://www.ccidnet.com/news/newszhuanti/2015/0715skjc/
[32] 我国研制成功世界最大黑色金属垂直挤压机，大口径厚壁无缝钢管制造技术达到世界领先水平. 人民网，http://scitech. people.com.cn/GB/9668998.html，2009-7-16
[33] 我国重型机床行业的发展与展望. http://www.acs.gov.cn/sites/aqzn/cyjzlnr.jsp?
[34] 通用汽车公司公布车联网战略和汽车材料轻量化目标. 全球汽车网 http://www.qc1818.com/article/dealerx/2013121115561.html
[35] 彭立明. 镁——21 世纪的绿色工程材料. 世界科学, 2012, 6: 44-45

附件：《加强先进基础工艺发展战略研究》课题组人员名单

在本章撰写过程中，很多内容来源于“工业强基战略研究”专项课题 2《加强先进基础工艺发展战略研究》的咨询研究报告。在此，向课题组专家表示由衷的感谢。

课题组名单

组　长：柳百成院士（清华大学）

副组长：林忠钦院士（上海交通大学）

　　　　李新亚院长（机械科学研究总院）

成　员：关　桥　孙宝国　石　碧　文　剑　张力超

　　　　王建宇　朱森第　张春霞　盛伯浩　邹恒琪

　　　　刘殿宝　曹春煜　魏少军　李文珍　许庆彦

　　　　刘辛军　刘志峰　王晓俊

5

质量技术基础

张　纲[1]　张　超　杨青海等

1 国务院参事

一、产业质量技术基础的战略作用

产业质量技术基础以标准、计量、检验检测、认证认可等为核心要素，通过要素特性之间的相互融合而产生的综合效果，体现对产业发展的基础性和支撑性作用。产业质量技术基础有其自身的基本内涵、特征，对于支撑产业转型升级、促进产业技术创新、提高产业生产效率、保障产品质量水平、提高产业国际竞争力，都具有重要的基础作用。

基本内涵、特征

1. 基本内涵

质量基础（National Quality Infrastructure，NQI）是以质量提升为目标的技术支撑体系，主要包括标准、计量、检验检测、认证认可等要素，通过标准的规范性、计量的基准性、检验检测的符合性、认证认可的公允性等，提升产业核心竞争力，发挥工业强基对制造强国的基础性和支撑性作用。

产业质量技术基础是围绕产业质量发展需求，建立和执行标准、计量、检验检测、认证认可等所需的质量治理架构的统称，是国家质量基础在产业领域的应用，其作用在于为产业价值链各方提供标准、计量、检验检测和认证认可服务。

2. 基本特征

产业质量技术基础的核心要素，即标准、计量、检验检测、认证认可，均以质量为核心，以技术为主线，具有技术属性、生产属性和贸易属性等三重特征。

（1）技术属性

从技术角度看，标准重在解决研发、生产、流通、消费等产业链各环节量值传递和信息传递一致性和兼容性问题；计量是实现单位统一、确保量值准确可靠的活动，它主要解决各个领域产生的量值的准确性、一致性、溯源性和法制性的问题；而检验检测、认证认可是对产品、过程或服务满足规定要求的程度所进行的系统检查和确认活动。

（2）生产属性

现代化大生产以先进科学技术和高度社会化为表征。缺乏标准的规范效用和自我约束作用，无法从技术和管理上对生产进行协调和统一；没有准确的计量，就没有可靠的数据，没有可靠的数据、无法控制正常的工艺过程，就根本谈不上科学管理和质量；检验检测和认证认可是质量管理和标准的实施途径，是改善产品质量、提高管理水平的重要手段。

（3）贸易属性

标准是规范、约束和调节贸易行为主体的基本准则，是在更大范围内统一技术要求、维护公平竞争、保护贸易双方利益的重要载体和手段。计量是把好贸易中数量关和质量关的重要手段，计量器具量值是否准确将直接影响买卖双方的贸易达成和结算。检验检测和认证认可有助于解决贸易往来中的信息不对称问题，特别是通过第三方认证和国际互认，有助于建立便利高效的贸易环境，消除贸易壁垒，降低贸易成本和风险，并获得国际市场的认可。

重要作用

1. 支撑产业提质增效升级

产业质量技术基础包括标准、计量、检验检测和认证认可四个核心要素，贯穿于关键基础材料、核心基础零部件/元器件和先进基础工艺(简称“三基”)发展的全过程，是“三基”的基础和支撑，形成协同效应，作用于机械、航天、航空、轨道交通、船舶、汽车、能源装备、冶金、石化、电子、轻工、纺织、仪器仪表等制造业，共同促进经济提质增效，推动产业转型升级。如图 1 所示。

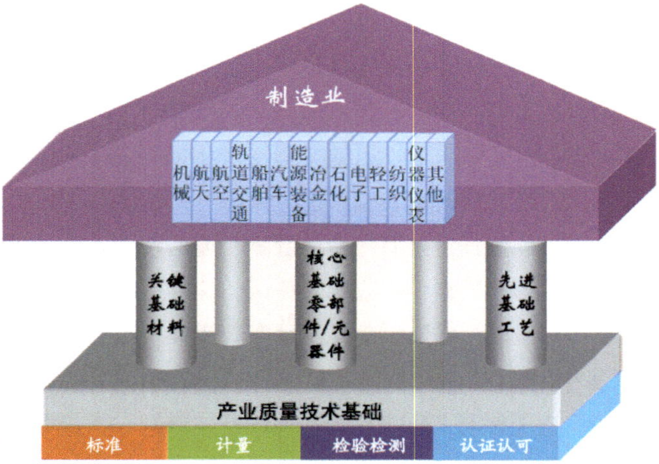

图 1　产业质量技术基础对产业的支撑作用

（1）标准引领产业提质增效升级

标准是产品质量的基础。无论是从原材料、零部件、最终产品等所有物料，还是从设计、制造、配送、使用、维护等全生命周期，产品质量的保证都紧密依赖于一系列标准。这就需要产品质量标准体系更加完善，产品质量安全指标全面达到国家强制性标准要求，全面实现产品质量、服务质量、工程质量的标准化。

标准是生产效率的前提。标准化是组织现代化生产的重要手段，是实现互换性的必要前提。通过标准能够有效控制关键基础材料、核心基础零部件和元器件的品种、规格，精简产品类型；标准化的零部件和元器件使生产和维修得以规范，达到改进管理、节约原材料、简化工艺装备、提高设计和制造效率的目的。

标准是产业升级的体现。制造业的发展离不开政府产业政策的支持。在制定“三基”产业政策时，可以通过明确技术、质量、环境、安全、能耗等方面的标准来提高企业的生产水平，提高符合标准的产品的市场竞争力；通过提高企业不执行标准的生产成本和管理成本，来限制和淘汰落后产能。

（2）计量支撑产业提质增效升级

计量贯穿产品质量保证的全过程。产品质量依赖于材料、工艺、技术和装备的应用和发展水平，依赖于产品生产过程中每个环节质量的掌控，所有这些掌控，则必须依托准确可靠的计量手段和数据才能得到有效保证和证明。

计量支撑产业效率的提高。工业生产过程中各个指标的实现都离不开计量。产品质量评价以科学、统一、准确的数据为判断标准，不仅需要在最终产品中的计量检测，在原材料检验、工艺检测和控制等诸多方面都要依靠计量器具准确、一致的测量，以其作为确定各种参数的依据，把整个生产过程控制在最佳状态。

计量促进产业转型升级。计量为“三基”提供技术支撑，保证最终产品的质量和技术性能。零部件的研发设计和采购，原材料的质量和选用、工艺和质量控制技术等，都涉及大量的测量，它们都影响着最终产品的质量和技术性能。通过科学计量，可以达到保证质量、减少重复测量、降低成本、提高效率的目的。

（3）检验检测服务产业提质增效升级

检验检测保障产业质量提高。检验检测技术和实验数据是产业结构调整、优化升级的重要基础和依据，能够向生产者、消费者、管理者反馈质量信息，检验检测尤其是独立的第三方检验检测是减少质量信息不对称程度的重要手段之一。

检验检测促进产业发展。新兴产业领域企业创新能力不强，企业规模和实力相对较小，新兴产业技术更新快、市场风险大，一般不会花费较大初始投入，独立建设检验检测实验室。建设公益性检验检测公共服务平台，能够有效促进产业集聚和发展，对新兴产业发展能够起到“筑巢引凤”的作用。

检验检测推动产业转型升级。基础零部件、基础元器件和基础材料的强化实验、可靠性和寿命测试试验、产品质量检验检测等检验检测技术和数据是“三基”产品质量水平的重要保证和依据，是推动产业结构升级的重要技术手段。

（4）认证认可促进产业提质增效升级

认证认可支撑产品质量安全和产业质量水平的有效提升。中国强制性产品认证（3C 认证）现已形成较为完整的认证制度与监管体系，用以保护消费者人身安全、动植物生命安全、生态环境安全、国家信息安全，支撑关系国计民生的产品质量安全的有效提升。

认证认可是国际贸易绿色通道的基础。按照《贸易技术壁垒协定》规定，贸易双方通过谈判达成有关合格评定程序的双边或多边协议将可以直接跨越认证措施。国家认可委员会已加入国际认可论坛（IAF）、国际实验室认可合作组织（ILAC）等组织。我国认可的检测报告和认证证书成为很多国家进口产品的有效凭证，可直接通关，降低了交易费用，提高了出口效率。

认证认可是实现转型升级的重要途径。企业要通过符合性评价，就必使企业达到认证标准的要求，由此完成产业结构转型和技术改造升级。生产企业在自身产品质量和生产管理水平提高后，会对零部件供应商提出相应要求，供应商对原材料按产品认证要求严格把关，从而提高产业链质量水平。

2. 促进产业技术创新

产业质量技术基础通过四个核心要素对产业技术创新具有重要的促进作用，标准引领产业技术创新，计量支撑产业技术创新，检验检测推动产业技术创新，认证认可激发产业技术创新。

（1）标准引领产业技术创新

标准是以科学、技术和经验的综合成果为基础而制定出来的。先进技术以标准为载体得以在更大范围内实施，加速了创新成果的产业化。随着技术创新周期的缩短，技术创新与标准化进一步融合。从技术成果到形成产品，再到产品的规模化、系列化和市场化，都需要标准。标准的制定、实施、修订过程，正是科技的创新、应用、再创新过程。标准促进科技成果转化，引领科技创新水平提升。

（2）计量支撑产业技术创新

计量通过测量科学和技术进步之间的联系来推动企业创新。新的计量技术将会刺激产品、流程和服务的创新。在产业创新中，计量支持产品研发和创新的良性循环。首先，计量支持会产生产品创新的研发和其他创新工艺；第二，计量使企业采用有助于生产和营销创新的产品和工艺；第三，计量为卖方和买方架起一座桥梁，通过客观独立、可验证测量的方式说明新产品性能卓越，从而促进营销。

（3）检验检测推动产业技术创新

检测能够为创新研发提供重要的试验验证环境和条件。通过检测能够为“三基”的研发、设计、中试等活动提供准确的实验数据，能够有效地推动产业技术创新。为了解决创新成果的产业化，需要更加精准和灵敏的检验检测技术手段。通过合理的检验检测技术手段，可以衡量创新产品质量、对环境的影响以及对相关法规和标准的符合性，推动创新成果的市场化和国际化进程。

（4）认证认可激发产业技术创新

认证认可通过营造市场公平竞争环境，提升产品的技术附加值，加强企业和产品的市场竞争优势，有效激发产业技术创新活力。交易中的信息不对称可能导致质量与价格定位不合理，影响交易秩序，影响资源配置效率，抑制产业技术创新。认证作为第三方评价技术手段，能够解决市场信息不对称和信用缺失的问题，营造公平竞争环境，规范市场秩序，促进企业创新从技术向效益的转化。

3. 增强产业国际竞争力

产业质量技术基础通过四个核心要素能够有效增强产业国际竞争力，标准是产业国际竞争的制高点，计量是产业国际竞争的基石，检验检测是产业国际竞争的保证，认证认可是产业国际竞争的桥梁。

（1）标准是产业国际竞争的制高点

国际贸易实现的链条很长，包括订货、运输、通关、结算等多个环节，而每一环节都涉及很多具体的程序和制度。贸易便利化和标准化已成为国际贸易的大趋势。标准能为国际贸易活动创造统一、协调、透明的环境。在当今全球化环境下，标准的数量和质量逐步成为体现产业技术发展水平的重要标志之一，参与和主导国际标准的能力和程度，逐步成为事关产业国际市场话语权的重大问题。

（2）计量是产业国际竞争的基石

计量是现代化生产的重要支柱之一，是增强国际竞争力的重要手段。使用合适的计量标准才能实现产品的互换性和兼容性，保证全球采购的原材料、技术工艺的一致性。我国企业计量水平总体上与国际先进水平还有差距，从计量对象、计量单位、计量方法、计量结果的准确度上，都有待与国际接轨，一些重要计量器具还依赖进口，国际贸易中以计量制约向其他国家产品出口的情况还时有出现。

（3）检验检测是产业国际竞争的保证

检验检测是实现产业质量的关键技术手段。无论从原材料、零部件、半成品到最终产品，从加工、装配、安装到维护，从工况、结构、性能到安全，从资源开发、生产排放、能源消耗到环境影响，都依赖于检验检测技术。中国是制造大国，随着全球制造的发展，国际竞争日益激烈，涉及各个不同领域的工业产业。检验检测技术水平是产业发展水平的综合体现，产业发展具有雄厚的检验检测技术基础，参与国际产业竞争才有了可靠的技术保证。

（4）认证认可是产业国际竞争的桥梁

认证认可是产业参与国际竞争不可逾越的环节和重要途径。《贸易技术壁垒协定》中规定，WTO 成员方在技术法规、标准和合格评定的制定、采纳与实施中必须遵守互认原则。即在合格评定程序方面，为避免因同一产品的多重测试、检验与认证而构成的不必要的贸易壁垒，如果其他成员方的合格评定程序能充分实现相同的合法目标，成员方应接受其合格程序的结果。逐步建立和完善与国际接轨的认证认可体系，搭起相关产业与国际合作、共赢和互信的桥梁和纽带。

二、我国产业质量技术基础的现状及国际发展趋势

我国质量技术基础的建设成效，表现在支撑产业发展、产业技术创新和国际化进程等多方面，同时也存在一定问题。发达国家积累了可供借鉴的经验。

建设成效

1. 面向产业发展的技术体系初步形成

（1）标准技术体系

标准技术体系见表 1。

表 1　标准技术体系（截至 2014 年底）

国家标准	行业标准	地方标准	企业标准
31 310 项	40 985 项	26 190 项	约 100 万项
强制性标准 3 790 项	强制性标准 3 539 项	强制性标准 2 256 项	
推荐性标准 27 520 项	推荐性标准 37 446 项	推荐性标准 23 934 项	

标准化机构及人员方面，目前共有 42 个行业部门管理着 69 个领域的行业标准。在地方层面，各省质量技术监督局是标准化行政主管部门，设有专门的标准化处和专职管理人员，市、县级政府也设有标准化行政主管部门，标准化管理人员约 6000 人。已成立全国专业标准化技术委员会（TC）517

个，分技术委员会（SC）704 个，标准化工作组（SWG）8 个，委员超过 4 万名。国务院各部委、行业协会、集团公司所属标准化研究机构有近 200 个，人员约 4500 人。地方各级政府标准化行政主管部门所属标准化研究机构、信息资料机构约 420 个，人员约 5000 人。

（2）计量技术体系

计量技术体系见表 2。

技术机构及人员方面，国家及省级机构包括 1 个国家计量院，7 个大区国家计量测试中心，31 个省级计量院（所），国家授权的专业计量站 19 个，分站 33 个，以及 2000 多个市（地）、县级计量所和 2000 多个省级局授权的专业计量站。专业分站包括 18 个国家专业计量站和 34 个国家专业计量分站。全国有 16 余万人取得计量检定资质证书，法定计量检定机构有计量检定员 39504 名，授权单位计量检定员 20989 名，部门、企业、事业单位计量检定员 101415 名。7 个区域国家计量测试中心共建立并保存国家计量基准 47 项，大区级计量标准 575 项。

表 2　计量技术体系　　单位：个#

计量基标准体系	计量技术法规体系	计量技术机构体系	计量单位制体系
计量基准（183） 社会公用计量标准（45695） 国家标准物质（7834） 企事业单位最高计量标准（40289）	国家计量检定系统表（95） 国家计量检定规程(918) 国家计量技术规范(509) 部门、地方计量检定规程（1379）	中国计量科学研究院 大区国家计量测试中心（7） 专业计量站及分站(2000 多个) 省级计量院（31） 地（市、县）级计量技术机构（2837）	7 个 SI 基本单位的准确定义与复现为基础以及导出单位等

（3）检验检测技术体系

截至 2013 年底，全国通过统计直报系统上报数据的各类检验检测机构共 24 847 家，当年共出具检验检测报告 2.83 亿份，检验检测服务营业收入 1 398.51 亿元。检验检测服务业已覆盖国民经济各个领域。各类检验检测机构共拥有检验服务业从业人员 775953 人，各类仪器设备 3281001 台套，全部仪器设备资产原值 1880.08 亿元，实验室面积 11244.7 万平方米。

（4）认证认可技术体系

技术方面，初步形成跨行业、跨部门、跨专业协同创新的发展模式，建立了国际化和国产化相结合的中国特色认证认可制度和技术体系。截至 2013 年底，认证认可领域共完成各类科研项目 383 项。突破了高级别生物安全实验室认可、电子电器产品有害物质检测评价、风电认证、能源管理体系认证、碳排放与碳减排认证认可等关键技术，创建了一批国际领先的认证认可制度。转化了 ISO/CASCO 合格评定相关国际标准，形成了由国家标准、认证认可行业标准、认证技术规范组成的认证依据用标准体系。颁发各类有效认证证书 118.2 万份，获证组织 42.35 多万家，认证证书数量和获证组织数量连续 11 年居世界第一。

技术机构及人员方面，截至 2013 年底，全国获得各级资质认定实验室 30 415 家，其中国家级 2 683 家，省级 27 732 家。国家质检中心 556 家。认证机构 174 家。中国合格评定国家认可委员会认可各类合格评定机构 6 296 家，其中认证机构 136 家，涉及认证领域 457 个，实验室 5 790 家，检查机构 370 家。各类认证从业人员 73 000 余人。

2. 支撑产业技术创新的效果显著

通过标准来引领科技创新、促进产业升级，成为政府规章制度的重要内容，经济社会效益显著。在节能减排方面，发布了 44 项强制性能效标准和 27 项强制性能耗限额标准，提高了市场准入门槛，倒逼企业加大技术研发、产品创新力度，推动了相关产业技术水平大幅提升。如《房间空气调节器能效限定值及能效等级》（GB12021.3），规定了房间空调器产品的能效限定值、节能评价值、能效等级指标以及试验方法、检验规则等，从 2004 年颁布实施后，节能型产品市场份额由 2003 年的 5%提高到 2008 年的 29%。该标准 2010 年修订，提高了房间空调器产品的能效准入门槛，能效限定值提高了 23%左右，经估算可实现年节电 33 亿千瓦时。

新领域计量技术研究成果显著增多，计量测量校准服务能力显著提升。如自主研发的“小型可搬运铯原子时间频率基准钟”为北斗卫星导航定位系统服务，首次定位时间、静态和动态定位准确度和精度、捕获和跟踪灵敏度等关键参数的计量技术和标准，建立完整的北斗系统产品量值溯源体系，保证北斗系统产品的量值准确性、可靠性和一致性。“超精密直径和形状综合测量标准装置的研究”使我国在该领域技术跻身于世界前列。“高精度激光二坐标标准装置”打破了集成电路和液晶显示制造业量值溯源长期依赖发达国家的局面。“水大流量计量与三峡流量计量标准装置”解决了三峡电站超声流量计量问题，为评价三峡电站发电效率提供了技术支持。

检验检测、认证机构逐步实现从产品设计研发、过程管理、成品检测、市场营销的全生命周期服务，成为企业国际化发展的助推器、技术创新的领航者。深圳市计量质量检测研究院，利用区位优势，针对深圳做大做强移动通信产业需求，建立了电子产品电磁兼容、性能、安全、环境测试、理化分析实验等一批国内领先、国际先进的测试平台，为广大手机生产制造企业提供检定校准、产品测试、产品认证、供应链品质保证检测和技术咨询培训等技术服务。联合华为、中兴等手机制造企业，从手机上下游产业链出发，制定了产品生产标准和测试程序文件，引导手机相关零部件生产企业共同遵守新规则，提升了深圳手机产业链的整体技术水平。

3. 国际化进程不断拓展

在标准化领域，我国成为国际标准化组织（ISO）、国际电工委员会（IEC）常任理事国，当选 ISO 主席、IEC 副主席和国际电信联盟（ITU）秘书长，承担 ISO 和 IEC 技术组织主席 39 个、秘书处 65 个，提交国际标准提案 310 项，已正式发布 147 项，参与国际标准化活动的专家上千人。高端装备制造、第四代移动通信、数字电视等领域国际标准研制不断取得突破，助推高速铁路、特高压输变电、大飞机等中国装备走出国门。

在计量领域，部分量子自然基准成果已经接近或超过国际最好水平，铯原子时间频率基准准确度已达 2×10^{-15}，为北斗定位系统提供技术保障；应对国际单位制重大变革的测量关键技术及相应的量子计量基准研究，取得国际认可的可喜成果，具备国际互认的校准测量能力（CMC）1317 项，上升为国际第四位，亚洲第一位。参加了 6 个国际和区域计量组织，与 17 个国家政府、民间计量机构建立了双边交流和合作，签署了 45 个合作协议，承担了亚太法制计量论坛组织以及亚太计量规划组织的主席国和秘书处工作。基本形成了国际一致、满足我国经济、社会、国防各领域测量需要的计量基标准和溯源体系。

在检验检测检疫领域，出入境检验检疫风险评估技术、污染物溯源技术、动植物源性成分鉴别技术、转基因产品检测技术、高通量检验检疫安全监控技术取得突破，快速、便携、灵敏的检验检疫设备的研发和集成有新成效。食品安全检测技术、风险评估、监测预警、食品质量安全控制技术基本与国际接轨。特种设备材料试验、结构分析、检验检测与评价方法、仪器设备和法规标准，基于风险的检验（RBI）技术、埋地管道安全检测与评价技术、机电类特种设备物联网监管监测技术，提升了我国特种设备检验检测能力和水平。

在认证认可领域，突破高级别生物安全实验室认可、电子电气产品有害物质检测评价、风电认证、能源管理体系认证、碳排放与碳减排认证认可等关键技术，创建了一批国际领先的认证认可制度，亚太实验室认可合作组织（APLAC）32%的检测能力验证计划由我国牵头承担，彰显我国在能力验证领域的领先地位。产业质量技术基础每年至少累积 2000 项科技成果、700 项发明专利、4000 篇科技论文，技术创新能力不断提高，取得重大经济社会效益。

主要问题

1. 整体建设水平不高

我国产业共性基础标准还不完善。以机械制造业为例，机械基础零部件部分专业标准数量少，高端产品标准仍有空白，没有及时跟进市场和智能制造要求，配套性不好，部分标准贯彻实施不力。采用国际、国外标准中的研究和试验验证工作相对薄弱，被动采用多而自主制定少。贸易型标准、关键技术标准和可靠性标准少，互联互通标准少，与科研、生产和市场脱节。标准研究及推广应用缺乏有效支撑，以技术研发作为标准研制基础的意识不强，标准预研投入不够；标准实施缺乏手段，标准宣贯、示范等方面还不充分。

计量前沿研究整体上仍落后于国际先进水平，量子计量基准和为应对国际单位制重大变革的研究项目尚处攻坚阶段，以量子物理为基础的国家新一代计量基标准体系持续研究能力不足。部分关键领域的计量溯源能力缺乏，纳米技术、新材料、医疗安全等领域的多数关键计量基标准尚属空白；生物、节能减排等领域的计量基标准研究刚刚起步。传统专业领域测量能力有待提高。计量基标准辐射应用的领域需要进一步扩展。如在汽车制造领域，对于进口的仪器设备一般由原生产厂做校准溯源，增加了量值溯源途径不同的风险和检测成本。在装备制造领域，三维大尺寸测量系统在风电、航天器、汽车、船舶和装备等行业广泛应用，而相关的国家计量基标准装置尚未建立，溯源问题亟待解决。

检验检测资源优化配置不足，机构布局与产业布局匹配不足、空间布局不平衡，机构间联动合作机制缺乏，导致整体技术、学科交叉效应、协同效应和综合竞争优势没有充分发挥，缺少自主知识产权的核心检测技术，难以形成对外服务品牌，新兴产业领域综合性检验检测技术机构严重缺乏。国有检验检测技术机构参加市场竞争的动力不足、创新力入足、基础不牢、能力不强。以汽车领域为例，检测设备多为引进，自主配套能力不强。目前使用的汽车检测设备以进口设备为主，国产汽车检测设备标准不统一，品种繁杂，可靠性差，技术含量较低。

认证认可对产业过程质量保障服务不够。认证机构自身创新能力和技术服务水平亟待加强。在一些关系到国家产业发展的关键领域，认证制度研发力量薄弱，降低了认证认可对产业发展相配套的支撑能力。譬如航空航天、新能源、新材料、环境等领域，新技术、新产品日新月异，而配套的产品认证制度和技术规范则不能同步研发跟进，大大降低了领域发展的速度和产业规模的扩大。

2. 关键领域核心技术创新能力不足

标准对产业技术创新响应不够及时。当前，技术创新与变化的速度超过了传统标准组织制定标准的速度，产业转型升级对标准的适应性和时效性要求也越来越高。在制造业领域，以数字化、网络化、智能化为特征的智能制造迅猛发展，正在改变传统制造模式，对制造业标准同样提出了更高的要求。我国制造业标准制定和更新速度难以满足智能制造发展的需求。

计量支持关键领域核心技术创新能力不足。尚不能满足战略性新兴产业对微观量、复杂量、动态量和多参数综合量的测量溯源技术的需求，如评价新能源的使用效率、纳米尺度的高准确度测量和量值溯源、生物技术安全的准确测量等。无法满足传统产业升级的需求，如机械制造业、纺织业等对机械量在常态和特殊环境下的测量准确度、精确度和范围，以及在线检测和快速传递提出了更高要求。尚不能为产业提供全面的计量解决方案，如虽已建立了支撑芯片、集成电路等行业发展所需部分计量标准，但仍不能满足产业快速发展的需要。

检验检测服务能力无法满足产业全面需求。如在船舶工业尚未建立完善的数据资源共享平台，缺少有效统计方法和虚拟仿真技术，缺乏压载舱、特种功能涂料、非金属材料、污损防护材料等在线监检测技术及评价方法。

3. 国际化进程与产业需求仍不相适应

标准的国际影响力和竞争力需要提高。一方面，由我国参与和主导制定的具有影响力的国际标准不多，在 2013 年的 2.6 万余项国际标准中，由中国主导制定的仅占 0.5%。另一方面，我国标准体系国际认可度还不高，增加了国际贸易成本，制约了中国企业承揽海外工程项目和推广中国装备。

我国获得国际互认的测量能力相对薄弱。截至 2014 年 10 月 7 日，我国得到国际承认的校准测量能力项目为 1317 项，排名第四，但只占第一名美国的 60.7%，且在新兴产业和环境等领域存在明显差距。

检验检测技术水平和服务能力无法满足国际化需求。技术、方法和装备研发能力差距明显，规划、基础理论、方法研究滞后，技术储备能力较弱，缺少行业共性技术标准验证工作平台。仪器装备自主研发能力偏弱，特别是高端检测仪器设备 90%依赖进口，高低温等极端环境下的检测几乎全部采用国外技术和设备。

认证认可对中国产品走出去支持不足。认证认可领域相关标准和规则的跟踪和转化不够及时，影响了产品的国际竞争力。目前尚没有由中国率先提出的国际通行的认证认可标准或认证认可制度，国际引领能力不足。

国外产业质量技术基础的发展与启示

1. 明确国家发展的战略定位

发达国家通过将质量技术基础纳入国家战略体系，以及由国家主要领导人担任相关组织负责人等方式，明确了产业质量技术基础在国家发展中的战略定位。美国于 2006 年颁布了“美国竞争力计划”，将标准技术作为三个重点投入领域之一，提高对美国国家标准技术研究院的核心实验室的投入；颁布质量促进法案，将计量、标准列入美国国家全球战略。德国实施“以质量推动品牌建设、以品牌助推产品出口”的国策和“工业 4.0”计划，将标准作为核心战略。日本为打造坚实的制造业基础，于 2012 年制定了“知的基盘”计划（图 2），并将其纳入国家政策体系，并由首相牵头制定标准化战略。韩国突出标准在国家制造业质量中的作用，并将其提升至国家战略层面，总理担任国家标准理事会理事长。

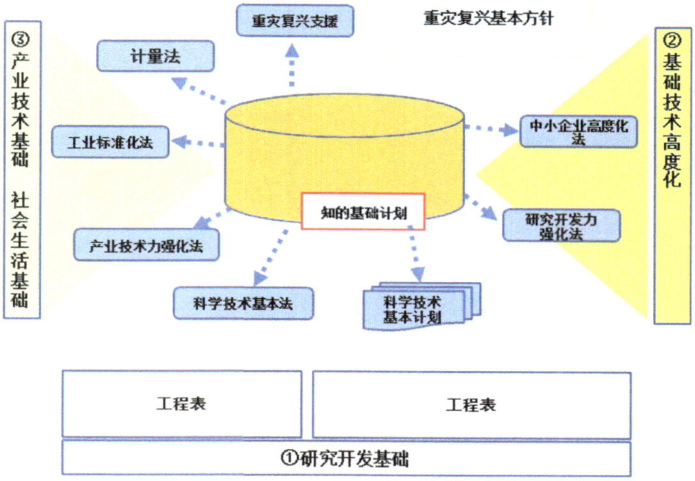

图 2　日本“知的基盘”基础科学计划

主要发达国家的产业质量技术基础相关法律法规的建设相对成熟完善，科学执政、依法行政和高效执政，以立法、战略规划等形式将计量与产业发展上升到国家战略层面。美国、德国、日本等发达国家将计量制度写入宪法，作为国家的根本任务之一。许多国家制定专门的标准化和计量法律法规，及时更新法律法规，适应形势发展。

2. 注重整体规划和建设

主要发达国家对产业质量技术基础进行整体规划和整体建设。越来越多的国家由一个政府部门或者机构组织协调计量、标准、检验检测和认证认可工作，且取得了较好的效果。各国产业质量技术基础注重市场、政府和社会的共同作用，通过整体协作提高产业质量技术基础的治理效率。

各国标准一般由国家标准和社会团体标准构成。政府标准和社会团体标准之间具有良好的联系协调机制。社会团体均可受政府委托承担具体起草政府标准的工作，政府也可将社会团体标准转化为政府标准。如美国建立了多方参与的标准化工作体系（图 3）。欧盟和俄罗斯通过建立统一的技术法规体系实现市场一体化，在标准起草制定等具体事务上，越来越重视发挥市场和社会团体的作用。

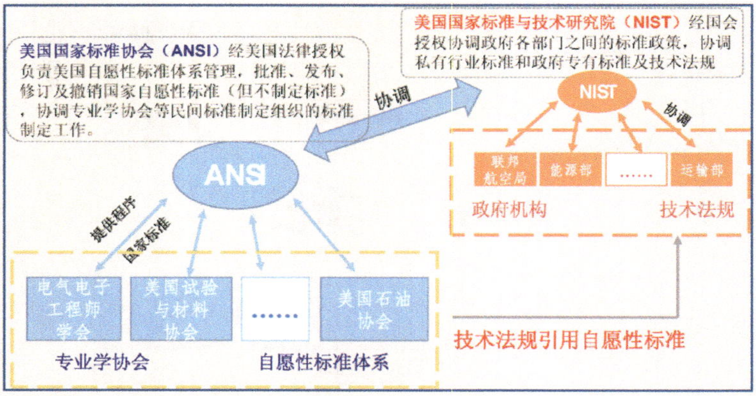

图 3　美国多方参与的标准化工作体系

3. 打造国际品牌

随着经济社会的发展，产品质量、环保和资源节约等认证的需求越来越迫切，认证制度日趋成为政府对市场经济进行宏观调控、社会管理和保护环境的重要手段。如欧盟已制定和实施针对环境保护和能源要求的强制性技术法规。检验市场对检测机构能力、信用、品牌提出了国际化要求。SGS（瑞士通用公证行）集团建立了先进的质量技术基础体系，建立了世界上规模最大、资格最老的第三方从事产品质量控制和技术鉴定的跨国服务品牌，成为公认的质量和诚信的全球基准。API（美国石油协会）制定了涵盖多个领域的先进、完整的技术标准，为国内部门、其他国家和多个国际组织所引用。

4. 国家投入稳定增长

重视对标准和计量等研究的投入，通过国家法定投入等直接纳入政府预算的投入以及企业投入，加强投入有效性和可操作性。美国国家标准与技术研究院的经费大部分来自政府，其经费列入美国联邦财政预算，每年稳中有升（表 3）。

表 3　2011—2015 年的 NIST 经费#

单位：亿美元

年　　度	2011	2012	2013	2014	2015
研究和发展	5.07	5.67	5.798	6.51	6.80
工业技术服务	1.732	1.284	1.336	1.43	1.61
研究设施修建	0.699	0.554	0.56	0.56	0.59
总计	7.501	7.508	7.694	8.50	9.00

英国政府设立国家测量体系专门项目，自 2011 年到 2015 年对国家计量院每年拨款 6000 万英镑；德国政府拨付 PTB 的经费也是逐年上升，2010 年为 1.583 亿欧元，2011 年为 1.658 亿欧元，2012 年提高到 1.831 亿欧元，呈稳定增长趋势。

三、产业发展对质量技术基础的需求分析

产业发展需求宏观分析

1. 实现制造转型升级

我国的产业发展正处在“中国制造向中国创造转变、中国速度向中国质量转变、中国产品向中国品牌转变”的关键阶段，为了实现中国制造转型升级，必须加快建设具有中国特色的产业质量技术基础。

以钢材制造业为例，我国现有钢材标准与国际标准仍有很大差距。目前我国钢材标准注重成分、性能，忽视粒度、形状、表面质量。标准老化、缺失严重，一些新材料高端钢材未定标准。因此，要实现钢铁产品的全面升级，首先是产品标准要实现升级。日本钢铁企业开发了船用耐蚀钢，在未成为国

际标准之前，影响的只是少数企业。当国际海事组织将船用耐蚀钢定为替代目前的原油船货油舱保护涂层的方案，并作为国际标准予以执行时，其影响的不仅仅是我国钢铁企业在船板供应上的竞争力，更影响到包括钢铁工业和船舶工业在内的整体竞争力。

2. 适应制造技术创新发展

制造业正在发生重大变革。新一代信息通信技术快速发展并广泛渗透，推动制造业各领域技术持续突破、不断融合、加速应用，引发制造业的发展理念、技术体系、制造模式和价值链重大变革，这一变革的趋势和核心是制造业的数字化、网络化和智能化。在这一形势下，市场的多样化与个性化需求得以体现，生产的产品种类多样，生产流程复杂，产品质量控制困难。

信息化也为产品质量控制提供了有效的方法和手段。通过智能制造技术可以将产品及其零部件以及产品生命周期各环节有机管理起来，为产品质量控制提供有效的信息。通过物联网技术、大数据技术等，可以深入挖掘产品数据的潜在价值，为产品质量控制、预测和改进提供依据。没有准确的数据，就没有有效的管理，数据质量成为支撑产品质量的重要因素。

制造技术未来的发展逐步带来生产方式的变革，为产品质量管理和产业质量技术基础研究提出了新的课题，涉及机理研究和实践研究，涉及标准、计量、检验检测和认证认可等各个方面，需要从产品族和产品生命周期视角认识产品质量，需要用信息化的手段控制产品质量，需要全面推进产业质量技术基础建设。

3. 应对全球制造和国际竞争

国际经济一体化对产业质量技术基础的质和量都提出了更高要求。国际竞争的加剧要求产业在“专、精、深”发展的同时，通过提升竞争力提高产品的附加值，占领高端市场。尤其是随着中国企业走出去步伐的加快，国际贸易活动日益增多，对国际化产业质量技术共性服务平台的需求也会越来越大，特别是环保和安全问题成为世界各国关注的焦点，由此引发的国际争端越来越多。

以电子制造业为例，我国在超级计算机用高性能多核 CPU、动态随机存储器、嵌入式 CPU 等领域取得了重要进步，但在封装、测试等多个生产流程中缺乏相应标准和检测手段，与国际先进水平还有不小差距。计算和存储产品涉及芯片、主机、操作系统、数据库、中间件等各层次，检测、检验十分复杂，国内缺少全球性、权威的第三方应用性能测试组织，制约了芯片产业的国际化发展。

13 个领域的需求分析

以“工业强基”确定的机械制造业、航天制造业、航空制造业、轨道交通装备制造业、船舶制造业、汽车制造业、能源装备制造业、冶金制造业、石化制造业、电子制造业、轻工制造业、纺织制造业、仪器仪表制造业等 13 个重点领域为例，在标准、计量、检验检测、认证认可等四个方面都存在着明显的需求。

1．标准需求

机械制造业、汽车制造业、电子制造业等领域，提出共性技术研究和标准体系建设的需要；机械制造业、轨道交通装备制造业、汽车制造业等领域，提出基础原材料、基础零部件、基础工艺技术标准研制的需要；航空制造业、轨道交通装备制造业、船舶制造业等领域，提出重型设备、大型设备、微型设备、高速设备、精密设备等高端设备的技术标准研制的需要；航天制造业、航空制造业、电子制造业等领域，提出信息化、智能化、模块化、环境化技术标准研制的需要；机械制造业、航空制造业、轨道交通装备制造业等领域，提出设计、制造、试验、管理、服务等技术标准研制的需要；航天制造业、轨道交通装备制造业、冶金制造业等领域，提出关键技术标准国际化的需要。

例如，在我国轨道交通装备的研究开发和试验验证过程中，尚未制定规范、统一和完善的标准体系，未将有代表性的标准推向国际，国外先进标准向国内转化工作不够。国内企业缺乏参与国际标准制修订工作的动力与实力，难以用先进标准支撑行业发展。国家缺乏合格评定程序，新产品、新材料、新工艺的推广应用受阻，上下游产品的标准难以对接，标准要求的协调性和一致性难以保证。相比而言，世界轨道交通装备制造强国均建立了较为完善的“四基”产业标准体系，并在一定程度上主导了相关领域国际标准的制定。德国工业标准（DIN）、法国国家标准（NF）、日本工业标准（JIS）中均涵盖了专门针对本国轨道交通装备的质量和技术等标准，为在全球范围内建立推广自己的轨道交通装备部件生产、系统集成乃至管理和服务体系提供了重要依据。

通过对13个重点领域需求的归纳，在标准方面，总体上存在以下需求：

——共性技术及标准体系；

——基础材料、基础零部件、基础工艺技术标准；

——重型设备、大型设备、微型设备、高速设备、精密设备等高端设备的技术标准；

——信息化、智能化、模块化、环境化技术标准；

——设计、制造、试验、管理、服务等技术标准；

——典型领域关键技术标准的国际化。

2. 计量需求

机械制造业、航天制造业、航空制造业等领域，提出极端量、极端环境计量技术的需要，提出新材料、新零件、新工艺（包括3D打印）计量技术的需要；电子制造业、轨道交通装备制造业、能源装备制造业等领域，提出纳米计量、微纳计量、三维大尺寸、复杂几何体计量技术的需要；轨道交通装备制造业、船舶制造业、仪器仪表制造业等领域，提出在线计量、无损计量技术的需要；航空制造业、轨道交通装备制造业、汽车制造业等领域，提出环境特性计量技术的需要。

例如，数控机床被公认为是发展制造业的基础。先进制造业要求高精密加工、复合加工，建立在具有极高的角度定位精度的多轴联动数控机床基础上。以五轴联动数控机床为例，它是一种科技含量高、精密度高，专门用于加工如航空发动机叶片等复杂曲面的机床，这种机床系统对一个国家的航空、航天、军事、科研、精密器械、高精医疗设备等行业，有着举足轻重的影响力。高档数控机床需装备高精度圆光栅。精密圆光栅是应用最广泛的角度测量部件，是高档数控机床的基础、关键、核心部件。只有建立了精密混合式线角度标准装置，才能有可靠的圆光栅，才能保证高档数控机床的运行。

通过对 13 个重点领域需求的归纳，在计量方面，总体上存在以下需求：

——极大和极小量、复杂量、多参量和动态量等的计量技术；

——生产过程中的现场、在线、无损和快速测量的量值溯源能力；

——新材料、新零件、新工艺计量标准和技术；

——极端条件下测量的量值溯源能力。

3．检验检测需求

机械制造业、航空制造业、汽车制造业等领域，提出基础原材料、基础零部件、基础工艺的检验检测技术的需要；航天制造业提出近极限检测技术的需要；轨道交通装备制造业、船舶制造业、能源装备制造业等领域，提出在线检测、无损检测技术的需要；航天制造业提出重大装备可重用检测技术的需要；轻工制造业提出有害物质的高效检测技术的需要。

例如，航空制造业中的航空装备，其设计、制造装配、试验验证、使用维护等各阶段均涉及大量的参数，参数的测量数据准确性将直接影响对产品质量和性能的评价，参数测量数据的统一性直接影响产品的装配和互换性能。航空业对检验检测技术有着十分迫切和突出的需求，包括元器件先进实验与检测、数字化实验检测校准、面向航空产品研发与生产及服役的检测、面向新材料新工艺新结构研发与创新的检测、面向未来超新航空产品研发的检测、高灵敏度高分辨率检测技术与可视化检测、高效自动化检测技术及低成本检测、新型材料及其结构评估方法与检测、整体结构检测与评估、新型检测仪器设备、材料结构损伤评估与失效分析及预测/检测、分子材料和材料基因以及智能材料模拟表征与检测等。

通过对 13 个重点领域需求的归纳，在检验检测方面，总体上存在以下需求：

——基础材料、基础零部件、基础工艺的检验检测技术；

——近极限检测技术；

——在线检测、无损检测技术；

——重大装备可重用检测技术；

——有害物质的高效检测技术。

认证认可需求

航空制造业、船舶制造业、汽车制造业等领域，提出近极限检测技术的需要；机械制造业、航天制造业等领域，提出构建高端装备认证体系的需要；轻工制造业、纺织制造业、仪器仪表制造业等领域，提出近极限检测技术的需要。

例如，在汽车制造领域，以动力电气化、结构轻量化、车辆智能化三大科技为核心的新能源汽车技术变革正在深入发展。我国新能源客车技术产业化规模居世界第一位，新能源轿车技术产业化水平居世界第二位。与国际新能源汽车技术相比，我国技术研发虽然起步不晚、速度不慢，但基础较弱，与国际领先水平相比仍有较大差距。作为新能源汽车市场化的质量保障手段，现有的汽车产品认证技术体系将不能适应智能制造新模式下新能源汽车认证需求。亟需针对新技术和社会广泛关注的汽车产品质量安全等问题进行研究，以向社会持续提供可信任的汽车产品认证结论，支持和推动我国新能源汽车市场的建立和发展。

通过对 13 个重点领域需求的归纳，在认证认可方面，总体上存在以下需求：

——关键原材料、零部件认证认可技术；

——构建高端装备认证体系；

——建立关键技术产品的技术性能认证体系。

四、产业质量技术基础建设的战略对策

基于产业质量技术基础的问题和需求分析，对产业质量技术基础建设进行整体设计和规划，提出整体推进产业质量技术基础建设的战略对策，以加强产业质量技术基础对促进发展和技术创新、推进产业国际化进程的支撑作用。

提高产业发展的支撑能力

1．研制面向产业需求的共性技术和基础标准

（1）建设目标

新研制 200 项以上重要的国家标准。

（2）主要建设内容

①加大对三基关键技术标准的研制。

研制重点领域的核心基础零部件/元器件标准和关键基础材料标准，以及重点行业领域中量大面广、通用性强的生产工艺方面的检测、规范和评价标准。

②加强与产业发展相适应的标准化理论与方法研究。

研究具有普遍指导意义的标准化共性技术方法。研究产业发展的标准化

活动中的基础性、战略性、前瞻性问题，建立相对完善的标准化理论、方法和技术体系。研制有关标准化原理与方法的技术标准。提升相关人员的标准化能力和水平。

2．完善量传溯源体系

（1）建设目标

建立完善的量传溯源体系和国家计量基础服务信息化平台，制修订计量检定校准规范 50 个以上，全面提升计量量传溯源能力。

（2）主要建设内容

①统筹国家计量基标准、社会公用计量标准建设，科学规划量传溯源体系。

加快三基产业重点领域国家计量基标准和社会公用计量标准建设，填补量传溯源体系空白。全面提升各级计量技术机构量传溯源能力。

②加强量传溯源技术和方法研究。

加强与三基产业相关的微观量、复杂量、动态量、多参数综合参量等量传溯源所需技术和方法的研究。加强三基产业领域相关量值测量范围扩展、测量准确度提高等量传溯源所需技术和方法的研究。

③加强制修订计量技术规范。

加快在线检测方法、校准方法等计量技术规范的制定。加强部门（行业）和地方计量技术规范制修订工作管理，促进计量技术规范协调统一。增强实质性参与制修订国际规范和建议的能力。

④建立国家计量基础服务信息化平台。

坚持“统一规划、协同建设、信息互通、资源共享、工作联合”的原则，采取“统一标准、试点先行、全面推进、总体整合”的模式，构建集计量审批、计量管理、计量监督检查、计量检定、公众查询服务、企业计量管理为一体的计量基础服务信息平台。

3. 构建产业计量测试服务体系

（1）建设目标

建立国家产业计量测试服务中心 30 个以上，提高计量对重点领域产业的支撑和服务能力。

（2）主要建设内容

①建立国家产业计量测试服务中心。

在“三基”重点领域，研究具有产业特点的量值传递技术和关键领域关键参数的测量、测试技术，开发产业专用测量、测试装备，研究服务产品全生命周期的计量技术，整合资源，构建国家产业计量测试服务体系。

②研究实用型、新型和专用计量测试技术。

研究新型传感器技术、功能安全技术等新型计量测试技术和测试方法，加快转化和应用。研究航空航天、海洋监测、交通运输等专用计量测试技术。将计量测试嵌入到产品研发、制造、质量提升、全过程工艺控制中，实现关键量准确测量与实时校准。研究仪器仪表核心零（部）件、核心控制技术，培育具有核心技术和核心竞争力的仪器仪表品牌产品。

4. 完善国家检验检测技术机构网络体系

（1）建设目标

建立完善的国家检验检测技术机构网络体系。

（2）主要建设内容

①研究关键核心零部件共性检测技术体系。

重点提升关键标准件、关键元器件等基础产品，以及环境适应性、电磁兼容性、安全性、可靠性等共性技术的核心检验检测能力。加强其在采用国际标准和国外先进标准中的基础研究和试验验证，形成关键核心部件共性检测技术体系。

②加强与产业相适应的国家重点检测实验机构。

建立和整合支撑“三基”的国家质检中心和国家重点检测实验机构。发挥市场在资源配置中的决定性作用，理顺政府与市场的关系，科学界定国有检验检测认证机构功能定位，推进整合，优化布局，建立科学合理的检验检测网络布局，构建可持续发展的检验检测机构网络。

5. 提升能力验证科技服务能力

（1）建设目标

建立国家能力验证科技服务平台，提高能力验证科技服务能力。

（2）主要建设内容

①建设国家级实验室能力验证科技服务平台。

完成集成化的实验室能力验证科技服务平台的建设，研发系列能力验证新项目，依托中国合格评定国家认可中心能力验证专委会在 11 个重点领域示范应用并逐步推广到其他领域。

②建设实验室能力验证科技服务互联网平台。

根据不同行业领域实验室的检测/校准能力需求，研究开发更多满足社会需求的能力验证项目，将能力验证项目的实施扩大到 26 个行业领域。

6. 建设认证认可大数据平台

（1）建设目标

建立国家认证认可大数据平台，形成面向“三基”的三大支撑能力。

（2）主要建设内容

①基础设施平台建设。

建立大数据中心机房环境和网络环境，大数据采集、处理、分析和应用的研发、实验、培训环境，数据终端测试实验室，数据安全监控中心的相关环境设施等。

②数据采集平台建设。

建立满足检验检测认证机构各种复杂异构环境的业务数据采集平台，将数据库、检测仪器、移动设备等各种不同类型的数据终端的业务数据按照统一标准的规范数据格式处理后采集汇交到大数据中心。

③数据处理平台建设。

根据相关标准和规范，对采集汇总来的原始业务数据执行拆解、分发、格式转换、预处理、冲突处理等措施，发现并解决数据质量问题。在相应的业务基础数据库群中进行存储，为后续的处理和应用做好准备。

④数据分析和挖掘平台建设。

对海量检验检测认证业务数据进行深入的分析和挖掘，并按照业务开展和行政管理的需求形成不同的数据集市。

⑤大数据应用平台建设。

建立一站式在线检测服务平台、第三方检验检测科技服务平台、认证认可电子商务服务平台、实验室综合业务管理服务平台、认证综合业务管理服务平台、检验检测认证信息与知识检索平台、决策分析与风险预警平台、检测认证助手等。

⑥产品质量治理与管控平台。

建立产品质量治理与管控平台，对全国各行业工业产品质量状况、分布情况、潜在风险点等进行评估和分析，形成相应的产品质量治理与管控机制。

增强产业技术创新服务能力

1. 健全技术标准创新机制

（1）建设目标

培育 10 ~ 15 个能够制定团体标准的组织机构，其中 1 ~ 2 个具有一定国际影响力和知名度，发布实施 200 项以上具有自主创新技术的团体标准。

将标准化纳入国家实施创新驱动发展战略方案及科技创新规划，研制形成技术标准成为国家科技计划评估验收的重要指标。

筹建 20 个左右战略性新兴产业和制造业领域国家技术标准创新基地，最终建成 10 个以上基地。

（2）主要建设内容

①培育发展团体标准。

在战略性新兴产业和制造业等创新活跃、标准化需求旺盛、工作基础好的产业领域，开展团体标准（联盟标准）试点，探索建立适应产业发展需要的团体标准化工作机制，推动研制一批有竞争力的团体标准，引领产业创新发展。

②完善科技研发与标准研制互动机制。

建立标准化主管部门与科技、行业主管部门的对接机制。建立应用科技报告促进科技成果转化为技术标准的工作机制，和科技成果转化的技术标准承接机制，健全技术标准产出的快速工作程序，完善国家标准化指导性技术文件制度。

③开展国家技术标准创新基地建设试点。

在战略性新兴产业和制造业等重点产业领域，支持龙头企业和有实力的研发机构试点建设国家技术标准创新基地，打造集技术标准研究、应用和服务于一体的标准化创新服务平台。

2. 构建前沿计量技术创新和国家最高测量能力体系

（1）建设目标

建立完善的国家计量技术创新体系和国家最高测量能力体系，提高计量技术水平和测量服务能力。

国家计量基标准、标准物质和量传溯源体系覆盖率达到95%以上，服务三基和产业的国家标准物质增长 100%，国家计量基准实现国际等效比例达到 85%以上，得到国际承认的校准测量能力达到 1400 项以上，其中 90%以上达到国际先进水平。

（2）主要建设内容

①推动计量与相关学科的交叉融合。

大力推动计量科技与物理、化学、材料、信息等学科的交叉融合，完善学科布局。

②加强计量科技基础研究及支持“三基”的技术研究。

建立新一代高准确度、高稳定性量子计量基准。建立经济社会发展急需的国家计量基标准、社会公用计量标准。开展支持“三基”的重点技术研究。

③积极参加计量国际比对。

积极参加计量基标准国际比对，提高我国量值的国际等效性。积极参与国际同行评审，加快校准测量能力建设。

④加强与利益相关方的合作。

加强与三基相关的企业、高校、科研院（所）以及部门科研项目的合作，开展重点领域、重点专业、重点技术难题专项合作研究。

⑤加快计量科技成果转化。

加强计量相关科研项目的立项、论证等与三基产业的科研项目的对接。建立计量科研机构与三基企业技术机构交流平台，促进计量科研成果转化和有效应用。

⑥建立国家科技基础服务平台，为三基及相关产业的发展提供更好的服务。

加强大型计量科学仪器、设备共享，营造开放、共享的计量研究实验环境。加强科技文献数据、计量科研数据和科研成果数据共享，强化平台、基地的信息化建设。

⑦建立计量科技创新和国家最高测量能力体系。

构建以计量前沿科研为主体、计量科研创新发展为手段、服务产业技术创新为重点、推动创新型国家建设为宗旨的“检学研”相结合的计量技术创新体系和国家最高测量能力体系。

3．发展关键检验检测技术

（1）建设目标

提高检验检测技术水平，建立检验检测技术创新平台。

（2）主要建设内容

①加强检测基础共性技术研究。

提炼工业“三基”各行业的基础性、战略性、前沿性科学研究和共性技术，建立共性检测技术体系。承担国家技术标准的制定，成为国家和行业检验检测科研的主导力量。

②开展对三基重点领域的检验检测技术全周期研究。

在检验检测基础理论、技术标准、技术方法、技术规范、技术装备、信息资源集成等方面部署一批重大科研攻关项目。研究解决“三基”重点领域亟需解决的行业科技难题，努力取得具有自主知识产权的原创性成果。

③加大对三基关键领域的创新检验检测技术研制。

围绕工业强国规划国家质量基础科技攻关专项，围绕制约工业发展的瓶颈性问题部署创新任务，发展具有自主知识产权的突破性检验检测技术。按实验室管理要求确定标准方法或自行设计（制定）方法进行检验检测，并对结果进行验证和确认，实现三基关键领域的创新检测技术研制。

④建设检验检测技术创新服务平台。

积极主动面向“三基”产业需求为企业开放实验室，突出发挥提供质量分析、新产品研发测试、标准信息服务、检测技术研究、技术性贸易壁垒应对等功能和作用，成为重点产业核心竞争力提升的重要“助推器”。

4. 提升认证认可创新能力

（1）建设目标

建立国家认证认可创新平台，提升自主研发能力，解决基础性和共性问题。

（2）主要建设内容

①建设国家认证认可创新服务平台。

基于大数据、云计算、移动互联等新一轮科技革命的技术创新与深化应用，加强认证认可技术体系的顶层设计，建设行业共用、社会共享的服务创新平台。强化认证认可评价分析技术、质量保证技术、检测验证技术及标准体系研究，实现行业发展与技术创新的有机融合。

②推动认证认可的协同化、集团化运作。

鼓励跨区域纵向整合，跨行业横向并购，通过集团化运作、专业化提升、国际化发展，实现从提供单一认证型服务向提供一站式、全覆盖合格评定服务转型，提升国际市场竞争能力和专业技术服务水平，形成一批技术能力强、服务水平高的社会化认证集团企业。

③完成认证认可基础能力评价。

组织开展检验检测机构的能力验证与比对工作，针对全国3万家实验室，每年开展国内比对 1 万次、国际同行比对 5000 次；对 176 家认证机构的公正性进行系统评估，对 120 余万张认证证书和 40 余万家获证组织的质量保障有效性进行系统分析、验证。

④建设创新型人才队伍的培育基地和认证认可研究实验基地。

开展检验检测认证认可师资队伍和评价人员队伍建设。研究制定强制性产品认证实施技术评价方法和技术，成为政府采购第三方服务的评价主体。围绕“三基”产品符合性评价需求，建设国家级认证认可研究试验基地。

推进产业质量技术基础的国际化进程

1. 推动中国标准走出去

（1）建设目标

新研制 50 项以上国际标准。

（2）主要建设内容

①建立国际标准化协作机制。

加强政府、行业组织、企业等各方的协调与协作，并搭建国际标准化协作平台了解最新信息，指导工作。加强国际交流与合作，支持更多技术专家参与国际标准化工作，争取承担更多国际标准组织技术机构主席、副主席或召集人职务，积极参与和主导制定国际和区域标准。通过筛选出需要优先互认的标准并直接进行标准互认；或开展标准技术指标比对研究并提出可行的标准互认或相互采用方案等形式，与主要贸易国家实施双边标准互认或相互采用。

②编制中国标准走出去的重点项目计划。

针对不同产业特点，确定标准走出去的重点领域，编制中国标准走出去的重点项目计划。对我国具有技术优势且属于未来全球产业竞争关键和国际贸易重点的领域，积极申请研制国际标准，承担国际标准召集人等关键职务；对我国具有技术优势且与区域有关国家具有共同利益诉求的领域，可基于我国优势技术主导制定区域标准。

③将标准走出去纳入对外交流与合作项目。

通过双边、多边投资合作签订的投资保护、司法协助、经济合作、社会保险、检验检疫等政府间协定。通过对外援助和承包工程项目同步推动中国技术、标准、设备、劳务、服务走出去。发挥驻外机构作用，加大宣传和交流，调动企业推广中国标准的积极性。提高其他国家对中国标准的认知。

2. 加强计量国际互认能力建设

（1）建设目标

到 2020 年，计量基标准体系更加完善，主导或参加国际比对的构架更加合理，CMC 的数量和质量更加和谐，基本适应经济社会发展的需求。

——CMC 数量达到 1400 项以上，重要领域 CMC 覆盖率达到 95%以上；

——提升现有 CMC 技术指标，达到世界第一梯队国家水平；

——推广 CMC 在产业界的服务。

（2）主要建设内容

①完善国际比对和 CMC 能力统筹管理协调机制。

强化国际比对和 CMC 的总体部署和宏观管理，加强国际比对和能力建设规划的宏观战略与政策研究，前瞻部署、系统推进测量能力建设和发展。探索建立科研和能力建设相结合，互相促进，共同发展。

②提高计量基标准技术水平。

不断完善国际单位制及其计量基、标准，扩展计量基标准的频段和测量范围，提高其测量精度；有效提升计量基、标准技术能力和国际互认能力；

逐步完善以基准装置—基准方法—基准物质为基础的化学计量体系。

③加强计量国际互认人才队伍建设。

完善相关制度，制定计量国际互认人才发展规划，加强人才培养和考核评价机制，积极支持青年科技人员参加国际比对，鼓励参与国际计量合作和国际标准等交流合作活动，培养专业精、外语强、在相关领域范围内具有一定影响力的专业人才。

④服务中国企业走出去。

在政府间合作、对外援助和承包工程等项目中纳入计量互认内容，帮助中国企业走出去。通过对外援助和承包工程项目，扩大中国计量影响力。

3. 整合检验检测技术机构并培育检验检测认证知名品牌

（1）建设目标

整合机构，优化布局，提升竞争能力和服务水平。

（2）主要建设内容

①检验检测布局和定位研究。

推进“三基”及 13 个主要领域检验检测技术机构整合，优化布局结构。

②检验检测技术机构整合引导和管理机制研究。

鼓励跨区域纵向整合，跨行业横向整合，做专做精、做强做大一批技术机构。

③对三基重点领域的综合大型检验检测认证集团构建示范。

省级以上综合性检验检测和研究机构提供满足全国经济和社会发展亟需的与国际接轨的技术含量高、前瞻性强和覆盖面广的检验检测技术服务。按照“突出重点、有保有压”原则，强化重点领域检验检测能力和科技创新能力建设，逐步成为集检测、科研和技术服务为一体的综合性技术机构和国际知名检验检测认证国际品牌。

附件："加强产业质量技术基础战略研究"课题组成员名单

在本章撰写过程中，很多内容来源于《加强质量技术基础战略研究》的咨询研究报告。在此，向课题组专家表示由衷的感谢。

顾　　问：钟群鹏、陈钢、田世宏

组　　长：张　纲

常务副组长：黄国梁　王金玉

副 组 长：张钟华　庞国芳　马林聪

成员（按姓氏笔画排序）：

王甲正　王立志　王晓冬　王益谊　王赟松　汤万金

李书舒　邢立强　刘　军　李治平　李宣庆　刘　辉

李　强　刘　鹏　李鹏程　沈　华　陆旭忠　杨青海

张国钦　张　超　陈　锐　赵　宇　徐成华　殷明汉

商泰升　曹　鹏　惠博阳　詹俊峰

主要执笔人：张　超　杨青海

执笔人（按姓氏笔画排序）：

王甲正　王立志　王晓冬　刘　军　李治平　刘　辉

肖怀宇　张国钦

6

工业技术创新体系

干　勇[1]　延建林

1 中国工程院原副院长、院士

党的十八大明确提出，到 2020 年全面建成小康社会之时，我国要基本实现工业化。当前，我国已进入工业化中后期发展阶段，工业化与信息化加速融合，传统产业升级与战略新兴产业培育发展并存交错，国内产业转型与全球产业升级激荡呼应，资源环境约束日趋严峻，生产要素成本逐步攀升，国际技术经济竞争不断加剧。加快建立和完善我国工业技术创新体系，是关系我国工业创新驱动、转型升级，实现国家确立的工业化战略目标的一项重大而紧迫的战略任务。

一、工业技术创新体系的内涵及构成

工业技术创新体系是与工业技术创新活动及创新资源配置相关的各种主体在相互作用中形成的组织系统、关系网络，以及保证系统有效运行的机制和制度，是以企业为主体、市场为导向、产学研相结合的技术创新体系在产业共性技术创新领域的具体体现，是国家创新体系的必要组成部分，是保障共性技术供给与扩散，提升国家或地区产业核心竞争力的关键所在。

工业技术创新体系组成要素包括：企业、公共研究组织（包括大学及非营利性科研机构）、政府部门、中介服务组织以及相应的市场及政策环境等。企业是工业技术创新的核心主体；公共研究组织，即大学和非营利性科研机构，主要从事基础研究、人才培养及社会服务，是工业技术创新的重要支撑力量；政府部门作为社会公共品的主要供应者，是扶持和引导工业技术创新的重要保障力量；市场中介组织是工业技术创新的基础服务力量；市场与政策环境是产业技术创新的外部保障条件。

二、我国工业技术创新体系建设的新形势与新要求

经过改革开放三十多年的快速发展，我国工业生产能力、技术水平、劳动工资状况、基础设施条件以及市场供求关系等正发生深刻变化[2]。与之相应，我国在工业化前期阶段形成的技术创新体系，同样面临着前所未有的挑战和升级重构的要求。我国工业要实现创新驱动、转型升级，重塑国际竞争优势，必须要从工业化初期的工业技术创新体系向适应工业化中后期的工业技术创新体系转变。

全球工业技术创新发展新趋势

第一，新一轮科技和产业革命与我国加快转变经济发展方式形成历史性交汇，加快建设工业技术创新体系是我国实现创新驱动、转型升级面临的重大时代命题。

正如上世纪的技术革命极大地推动了世界的发展和进步，目前人类又迎来了新一轮的技术革命[3]。这一次由大规模数据处理、无线网络以及智能化生产所引领的技术革命，新一代的信息技术正在广泛而深刻地渗透到各个产业领域，进而带动众多产业实现变革创新。由互联网革命催生的大数据交换平

2 金碚. 中国工业的转型升级[J]，中国工业经济，2011 年第 7 期，

3 路甬祥. 迎接新科技革命挑战 引领和支撑中国可持续发展[N]，科技日报，2010-03-01.

台与工业革命时期形成的机械化生产渐趋融合，工业互联网正在浮出水面[4]，带动制造业正在朝着数字化、网络化、智能化方向发展，由此引发制造业发展理念、技术体系和制造模式，乃至社会管理、军事变革、地缘政治等一系列的深刻变化。

同时，全球新一轮科技与产业革命与我国加快转变经济发展方式形成历史性交汇，我国制造业面临着前所未有的挑战。从国际来看，发达国家推出重振制造业的“再工业化”战略，将对我国基础和实力薄弱的高端制造业造成新的冲击，新兴国家和一些发展中国家利用低成本优势，成为中低端制造新的转移方向，我国制造业面临着发达国家蓄势占优和新兴经济体追赶比拼的两头挤压和双重挑战。从国内来看，制造业发展所需能源和主要金属矿产资源对外依存度高，制造业持续发展面临的资源、环境、劳动力约束条件越来越强，加快产业技术升级、增强产业国际竞争力是当前我国工业化持续发展面临的迫切要求。我国在工业化前期形成的依靠外国直接投资和依赖引进模仿技术实现经济增长方式不可能持久，国家的可持续发展必须建立在自主创新的基础上。

我国已经进入工业化中后期发展阶段，多数产业已经发展到产业整体技术水平需要上台阶、大量关键的共性技术亟待突破的关键阶段，产业界对共性技术产生了更为急迫的需求。同时，工业化前期发展中形成的与技术引进和跟踪模仿相适应的产业技术支撑系统，越来越难以适应新的形势，产业自主创新能力不足，尤其是支撑产业技术发展和集成能力提升的核心共性技术供给不足，成为制约我国产业核心竞争力提升的关键因素。加快整合制造业创新资源，建设国家制造业创新体系，为推动制造业企业技术创新能力提升、带动制造业转型升级提供更加有效的技术供给，已经刻不容缓。

第二，由于现代高技术群体突破与交叉融合不断加速，建立工业技术创新体系，积极培育关键共性技术、颠覆性技术，成为重塑我国制造业新优势、

---

4 美国通用电气公司董事长将工业互联网定义为，将人、数据和机器连接起来的开放、全球化的网络。这是一个由机器、设备、集群和网络组成的庞大的物理世界，能够在更深的层面和连接能力、大数据、数字分析相结合。

抢占新一轮产业竞争制高点的关键。

当代科技发展日益呈现出群体突破和交叉融合加速的特征，科学发现、技术发明、工程创新与产业发展的交互促进作用更加显著。信息技术和生物技术的广泛渗透，促进各领域工程科技不断发展，技术跃迁和替代更为频繁，产业更新换代不断加快，关键共性技术在带动技术创新与产业发展方面发挥的作用越来越大[5]。很多国家都非常注重关键共性技术攻关，积极推出相关举措，保证关键共性技术长期、持续、稳定的供给[6]。颠覆性技术能带来技术范式和竞争格局的巨变，在当今经济科技发展中更具决定性意义。近几十年相继发生的激光照排取代铅字印刷、数码相机取代胶片相机、电存储取代磁存储、光纤取代同轴电缆、LCD 彩屏取代 CRT 显示屏等一系列技术与产业更新换代的大事件证明：颠覆性技术正在不断地催生和加速产业迭代，奠定未来产业发展的新基础。颠覆性技术大都基于多学科交叉融合突破，并非一蹴而就，需要提前谋划、持续跟踪和滚动研究，更需要长期持续的基础共性技术和关键核心技术研究支撑、稳定和系统的高水平研发梯队以及强大的工程化集成能力[7]。

面对科技创新发展的新趋势，世界主要国家都在千方百计寻找科技创新

---

5 例如，智能装备制造是先进制造技术、信息技术和智能技术多点突破和交叉联动的成果，在很大程度上提升优化了制造工艺；生物芯片技术是多学科交叉前沿技术，为生命组学研究、医药和农业技术以及医学应用提供了支撑。

6 以合成生物学为基础的工业生物技术，是化工、医药、农业、能源、环境等多领域的关键共性技术，其研究有助于破解社会经济发展的资源环境瓶颈制约，带动以安全、可持续为特征的绿色科技与产业发展。美国和欧洲已成立合成生物学工程中心和专业生物技术公司，把生物技术研究和商业前景结合起来，取得了迅速发展。关键共性技术的研发和推广，将以点带面促进多个产业联动发展，创造巨大的市场空间和社会财富。

7 颠覆性技术是一种能够对已有传统或主流技术途径产生颠覆性效果的技术，可能是完全创新的新技术，也可能是基于现有技术的跨学科、跨领域的创新型应用。颠覆性技术打破了传统的技术思维和技术路线发展，是对渐进性技术的跨越式发展。2013 年 5 月，麦肯锡公司发布题为《颠覆性技术：改变生活、商业和全球经济的先进技术》报告提出了 12 项颠覆性技术，包括移动互联网、知识工作自动化、物联网、云计算、智能机器人技术、无人驾驶汽车与准无人驾驶汽车、新一代基因组学、蓄能技术、增材打印、新材料、先进油气勘探和开采技术、可再生能源。

的突破口，加快布局和完善制造业创新体系，抢占未来经济与科技发展的先机和主动权。2013 年，美国总统奥巴马提出“国家制造业创新网络”计划，将投资 10 亿美元建设由 15 个制造业创新研究院，以弥补美国基础研究和产业化中间环节缺失造成的创新效益外溢，提高在境内将发明成果转化为产品的能力。此计划最终目标是在未来 10 年内建立 45 所制造业创新研究机构，组成全美制造业创新网络，带动美国先进制造业全面复苏，从而继续保持美国全球制造业领导者地位。英国政府为确保高价值制造成为经济发展的主要推动力，积极加快构建包括知识转化网络、知识转化合作伙伴、特殊兴趣小组、高价值制造创新中心等开放知识交流平台，帮助企业整合最佳创新技术，打造世界一流的产品、过程和服务。2013-2014 年度，英国资助了 14 个创新中心、特殊兴趣小组等机构的建设，为需要进行全球推广的企业提供尖端设备和技术资源。2014 年 3 月，德国政府、工业界和学术界共同启动“工业 4.0”战略，着力构建信息物理系统网络，以物联网和务联网为基础，将资源、信息、物体以及人紧密联系在一起，从而创造物联网及相关服务，从而发展出全新的制造业商业模式和合作模式。世界各国通过加强技术创新带动制造业发展，将给我国工业转型升级以及战略型新兴产业培育发展带来更为严峻的外部冲击。我们必须要增强忧患意识，高度重视、密切关注、迎头赶上，把握世界科技创新发展的新趋势，紧紧抓住和利用好新一轮科技革命和产业革命的机遇，瞄准未来科技和产业竞争制高点，把准战略方向，加强前瞻部署，加快实施创新驱动发展战略，加快建立制造业创新体系，努力摆脱传统产业长期受制于人的局面，加快构筑战略性新兴产业发展的良好根基，塑造我国制造业国际竞争新优势。

第三，全球科技创新正在发生深刻变革，企业的竞争演化为创新体系的竞争，国家的竞争升级为创新战略的竞争，加快建设工业创新体系是提升我国制造业国际竞争力、推动制造业由大变强的必然要求。

伴随经济全球化和信息技术的迅猛发展，技术工程规模体量越来越大，技术复杂性及相互渗透性不断增加，资源环境约束越来越强，当代创新模式已逐步演变为以多元参与主体协同互动为基础的合作创新模式，产业创新生态体系正在发生深刻变化。单个企业不再可能一味追求产业链的完整性或生产的一体化、规模化，而是着重控制价值链上具有核心技术和比较优势的环节，同时与外部资源整合形成联合创新网络。网络以旗舰企业为核心，以合作创新为基础，打破了技术、组织和区域之间的界限，集合企业、大学、研究机构、行业协会等不同创新活动主体的研发力量和资源，拥有单一企业所无法匹敌的卓越创新与制造能力。在创新网络平台中，不同类型的组织可以迅捷地协同参与研发、设计、生产、物流与服务等增值活动，有利于各类企业形成合作共赢的产业集群竞争优势，实现了价值要素和资源配置的最大优化[8]。企业之间的竞争逐步走向竞合共赢，单个企业间的竞争演化为技术经济群体构筑的创新网络间的竞争，全球竞争格局正在发生重大变革。

随着跨越企业边界、产业边界、地域边界的创新活动成为常态，新型合作创新模式受到各国创新政策制定者的高度重视。美国于 2011 年宣布“先进制造业伙伴关系”计划，确立官民并举、官产学研联手的策略，以确保美国先进制造业的全球领先地位。奥巴马总统还责成各联邦机构加快其所辖国家科研机构向企业转让技术的进度，并整合企业、商会、高校、国家实验室和联邦科技资源向中小企业提供服务。欧盟 2010 年提出推行“创新型联盟”计划，旨在强化各成员国之间创新的联系与合作，提高创新链中各环节的合作和交流能力，促进从尖端研究到研究成果的商业化。印度在 2010 年成立国家创新委员会，加快建立研发中心、创新中心、卓越中心及制造和竞争力中心等集群创新中心，加强产业界、研究机构和政府的联系，积极构建创新生态系统。各国加快构建创新合作网络体系，旨在实现创新要素与资源最大限度的整合，集中力量在优势领域的核心关键技术上率先取得突破，以赢得竞争优势。

我国已经建成了门类齐全、独立完整的现代制造业体系，制造业大国地位基本确立。随着制造业增长动力、比较优势和国际环境的深刻变化，主要依靠投资驱动、规模扩张和出口导向的发展模式难以为继，工业进入转型升

8 以电子制造业为例，美国企业凭借先导市场地位确定全球标准，控制着微处理器和操作系统的生产；日本企业主要供应存储芯片和平板显示器；韩国企业是内存条的最重要供应者；新加坡企业成为硬盘的中心生产基地；中国企业则是元部件及附件生产的集聚地。

级关键期，必须走创新驱动发展之路。然而，长期以来科技和产业“两张皮”始终是困扰我国工业创新发展的核心难题。之所以出现这一现象，不是我国科研投入不够、科研成果太少，而是企业和科研院所之间缺乏高效、科学的协同机制，基础研究、应用研究和产业发展之间存在断层，既缺乏经济联系，又存在人为割裂。在发达国家对核心技术输出更加慎重的情况下，我国如不加快从国家层面建立制造业创新体系，解决技术来源问题，制造业发展就成了无源之水，实现制造业由大变强也就成了一句空话。因此，要加快建立国家工业技术创新体系，弥补产业技术创新中的市场失灵，打通从科技强到产业强、经济强、国家强的通道，把创新驱动的新引擎全速发动起来。

我国工业技术创新体系建设面临的新要求

世界工业技术创新体系的发展历史表明，一个国家的工业技术创新体系模式与该国的发展阶段、市场规模、所处的国际背景等因素密切相关。当前，我国工业发展呈现出如下突出特点：一是产业发展不平衡性。包括产业之间发展水平，产业内部的生产模式、技术水平等，以及不同区域产业发展水平等都呈现出不平衡的态势。产业发展不平衡导致各产业技术创新需求不平衡；二是巨大市场发展潜力，这为工业发展和产业提升提供广阔空间；三是经历爆发式快速工业化过程，技术、资本、人才积累严重不足，亟需在继续推进工业化的同时，加强工业化基础的补课任务。国际国内技术创新的新态势和现阶段我国工业发展实际，给我国工业技术创新体系建设提出了一系列新的要求。

第一，必须从国家层面加强统筹协调和宏观指导，强力推进国家技术创新战略部署的实施。

从全球视角看，创新战略的制定和实施都是国家行为。进入 21 世纪以来，我国适时提出建设创新型国家的战略目标和总体部署，并通过制定国家中长期科技发展规划纲要，实施国家技术创新工程等重大举措加以细化和部署，取得了初步成效，赶上并涌入了新一轮国际创新战略竞争的潮头，但还不能说抓住了这次重大战略机遇。从目前情况看，这些规划和部署落实的情况尚不尽如人意，特别是缺乏强有力的宏观统筹协调机制和深入系统的落实方案，还不能适应全球技术创新的新态势和新要求。当前紧迫的任务，就是要从国家层面采取有力措施，完善顶层设计、加强宏观指导，大力推进国家创新战略规划和部署的实施，这直接关系到能否抓住全球技术创新的重大机遇，关系到能否在新一轮国际科技与经济竞争中赢得战略主动权。

第二，必须深刻认识企业技术创新主体的内涵，把以企业为主体的技术创新体系建设落到实处。

工业技术创新体系建设，既不能脱离产业和经济活动，也离不开科技人员的研发和创新；既要以市场为导向，也要尊重科技发展规律；既要强调企业的主体地位、发挥企业的主体作用，也要强调产学研之间的协同创新。目前，我国工业企业研发能力整体偏弱，产业核心竞争力仍处在相对弱势。企业要成为技术创新主体，一方面，要着力加强企业自身创新能力的建设，使企业真正成为研发投入的主体、技术创新活动的主体、创新成果应用的主体、技术创新风险共担及利益分享的主体；另一方面，要大力推进产学研协同创新，积极构建多样化、多层次的技术供给体系，不断强化产业技术供给和支撑能力，这不仅不会削弱企业的主体地位，反而会增强企业的主体地位和主导功能，有助于提升企业的创新能力。

建设以企业为主体的技术创新体系，既需要加快培养一批自主创新能力强、具有国际竞争力的现代企业，使其具有生产一代、研发一代、储备几代的技术创新能力和培育颠覆性技术的能力；也需要整合多方力量，建立高效、强大的共性、关键、前沿技术供给体系；同时，还要避免出现企业、高校与科研院所的创新力量都涌向“短平快”的中低端技术研发应用，反而忽视支撑产业发展的长期性、战略性科技创新活动。因此，要鼓励企业、高校和科研院所各自“归位”，在创新不同阶段和环节高水平发挥相应作用，保证基础性、系统性、前沿性技术研发活动的深入持续开展，提升产业高端技术的供给支撑能力。

第三，必须强化关键共性技术创新体系建设，加快提升我国工业技术创新能力。

关键共性技术的研发和创新具有公益性和阶段性特征，对产业和行业的技术创新具有牵一发而动全身的基础性作用，是促进产业转型升级、增强产业核心竞争力的重要抓手。各国都将支持关键共性技术的研发作为国家技术政策的重要内容，并设有专门固定的机构从事这项工作，以保障共性技术研发和供给的持续性和稳定性。例如，美国政府 2011 年启动“材料基因组计划”，旨在通过高通量的计算机模拟，帮助企业把开发、制造和推广先进材料的速度提高一倍，为产业发展提供共性技术支撑；近年来，支撑产业绿色发展的关键共性技术需求旺盛，美国能源部新近实施了“能源创新中心”计划，扩大研发投资，成立三个新的能源创新中心，以促进清洁能源技术研发及在各产业应用推广。

我国进入工业化中后期之后，面临着产业技术升级、增强产业国际竞争力的迫切需要。一方面，依靠外国直接投资和依赖引进模仿技术的经济增长不可能持久，国家的可持续发展必须建立在自主创新的基础上。另一方面，多数产业已经发展到产业整体技术水平需要上台阶、大量关键的共性技术亟待突破的关键阶段，产业界对共性技术产生了更为急迫的需求。如何利用国家有限的资源，抓住重点，及早突破技术瓶颈成为一个现实而紧迫问题。强化关键共性技术研究体系建设就是解决这一问题的有效途径。

目前，我国技术创新仍处在从引进模仿走向自主创新的长途中，模仿仿制多、自主创新少，仍然是这一阶段的主要特征。强调共性技术的前瞻性和探索性，以支持应用研究早期阶段为重点的美国式的共性技术政策，目前看来并不符合我国现实。而二战后日本在技术追赶时期奉行的重点支持应用研究后期和试验发展阶段的共性技术研究，集中力量突破重点行业关键共性技术的策略应该更值得我们借鉴。与发达国家相比较，这些国家的政府比较强调利用市场的力量，政府只负责鼓励和引导，更主要的是发挥企业的主导作用。在我国市场机制尚待不断完善的现阶段，仅仅强调以企业间合作研究的方式来增加共性技术供给，实现技术扩散也不现实[9]。考虑到我国的国情，共性技术研究对政府的依赖程度仍然比较高，因此，要发挥政府的引导作用，加强规划布局，加快推进战略性新兴产业和重点行业的关键共性技术支撑平台和基础设施建设，扩大共性技术成果共享，不断推进工业技术研发组织多元化模式创新，把共性技术支撑体系建设落到实处。

三、我国工业技术创新体系建设的总体思路

指导思想

当前和今后一段时期，是我国提高自主创新能力、加快建设创新型国家、实现工业创新驱动、转型升级的关键时期。从目前情况看，政府在技术创新和经济发展中处于强势的主导地位，但又缺乏强有力的技术创新统筹协调机制；国家宏观技术创新战略已经明确，但在许多方面缺乏深入系统的落实方案；创新资源总量不断增加，但又存在分散、封闭、低效的状态；要求企业成为技术创新主体的呼声不断高涨，但企业自身的创新动力还没有充分激发出来。这些问题归结起来，集中体现为我国工业技术创新模式、机制和政策体系，越来越难以适应当前工业转型升级带来的自主创新需求，难以应对新一轮国际技术经济竞争的新态势和新挑战。

解决上述问题，必须要深入实施国家科技、人才和教育中长期规划纲要，扎实推进创新驱动发展战略，全面深化科技和经济体制改革，加强顶层设计，夯实创新基础，培育创新环境，激发创新活力，造就创新人才，积淀创新文

9 马明杰. 共性技术研究在我国科技政策中的地位与问题. 国务院发展研究中心调研报告 2004 年第 166 号.

化；必须坚持指导方针长期不动摇、战略谋划深入不间断、统筹协调加强不越位、体系建设落地不落空，完善产业技术创新链，突破关键共性技术的瓶颈制约，在深入实施国家技术创新工程，加快产业技术创新战略联盟、企业技术创新服务平台、创新型企业建设的基础上，以工业技术支撑体系建设为突破口，全面推进以企业为主体、市场为导向、产学研相结合的国家技术创新体系建设，提升我国产业核心竞争力。

基本原则

一是政府引导、需求驱动。党的十八届三中全会提出，要使市场在资源配置中发挥决定性作用和更好发挥政府作用。建设工业技术创新体系，政府要牢牢把握支持工业技术研究的理念，明确共性技术研究在国家科技政策中的重要地位，加大重大关键共性技术创新支持祿蠹，使之成为政府支持产业提升国际竞争力和重大技术突破的重要手段。同时，要积极鼓励企业、高等学校、科研机构及社会中介服务组织共同参与工业技术创新，参与工业技术支撑体系建设，并采取有效激励手段，切实保障各类创新主体的合法权益。

二是系统谋划、分类推进。建立国家工业技术创新整体战略，加强工业技术创新统筹协调，努力克服各领域、各部门、各方面科技创新活动中存在的分散封闭、交叉重复，打破创新“孤岛”。科学制定国家工业技术创新战略规划，尤其是要抓住产业共性技术，适应产业发展差异性，前瞻把握未来不同时期、不同产业共性技术发展的战略方向和技术路线，同时，要选择若干重大行业关键领域，按照技术及行业特点（技术创新水平、产业集中度、基础产业或战略性新兴产业等），分门别类优化整合相关资源，集中有限力量加快工业技术创新体系建设，率先取得工业技术创新突破，并以此为契机带动国家工业技术创新体系建设取得突破。

三是整合资源、提升能力。要改革国家创新资源配置体制机制，着力盘活创新资源，加快建立健全各主体、各方面、各环节有机互动、协同高效的国家工业技术创新体系。要围绕产业链部署创新链、围绕创新链完善资金链，聚焦国家战略目标，集中优势资源，形成创新合力，着力突破行业基础前沿、关键共性、社会公益和战略高技术研究。要积极探索适合中国国情的企业技术创新机制，以提升企业自主创新能力为目标，把创新平台建设、工程项目实施与企业能力建立紧密结合起来，完善创新考核体系和激励政策，构建可落地、能操作的工业技术创新体系。

主要目标

到 2020 年，我国工业技术创新体系建设的基本目标是，发挥政府统筹协调作用和市场资源配置决定性作用，紧紧围绕国家战略需求，结合产业重大技术创新任务实施，进一步整合国家和地方各类技术创新资源，充分调动产学研用各方积极性，力争建成面向企业的、高效、多元、开放的工业技术创新体系。

重点任务

未来五年，我国要紧紧围绕《中国制造 2025》十大重点领域，即：新一代信息通信技术产业、高档数控机床和机器人、航空航天装备、海洋工程装备及高技术船舶、先进轨道交通装备、节能与新能源汽车、电力装备、农业装备、新材料、生物医药及高性能医疗器械，着眼于长远工业技术创新能力提升目标，围绕增强基础元器件/零部件、基础材料和基础工艺创新能力，瞄准需大量进口的、“卡脖子”的产品和技术，瞄准特种、专用、关键产品和技术，瞄准影响经济安全和国防安全，必须自主研发和产业化的产品和技术，瞄准单靠市场不能解决，需要政府出手安排解决的产品和技术，扎实推进工业技术创新体系建设。

未来五年的重点任务具体包括：

第一，制定国家工业技术创新战略规划

加强工业技术创新统筹协调，加强相关部委协同，共同研究制定面向2020年的国家工业技术创新战略规划，明确“十三五”期间我国需要重点突破的产业关键共性技术，包括关键基础材料、核心基础零部件/元器件、先进基础工艺等，前瞻把握未来不同时期、不同产业共性技术发展战略方向，科学编制产业共性技术路线图，研究制定重点领域关键共性技术标准体系，并通过应用示范，引导产业技术发展及技术应用、促进产业规模化生产。

第二，建设国家级共性技术创新研究院

整合现有国家工程实验室、国家工程技术研究中心，以及行业重点实验室与工程技术研究中心等创新平台，从正在承担和拟承担科技重大专项的单位中，遴选一批已具备高水平研发团队和能力显著的研发平台作为创新载体，可以按照异地协同创新模式，整合建立能够为全行业或跨行业服务的共性技术创新研究院。每个共性技术创新研究院可以由若干研发平台组成，各研发平台按照产业链和创新链分工协作，组成网络化共性技术创新体系。

同时，面向新一轮科技与产业革命，瞄准新一代信息技术、增材制造、智能机器人、新材料、生物工程等战略性领域发展需求，以新机制、新模式整合新建具有独立法人资格的、公益性国家级共性技术创新研究院。

国家级共性技术创新研究院的主要功能为：集中突破行业关键共性技术的平台；连接基础研究与技术应用、产品开发的纽带；实现创新成果产业化的桥梁；为区域产业创新提供关键设备、基础设施和“教学工厂”的基地。主要作用是：弥补科技创新中的市场失灵；加快科研成果产业化进程；提高科研整体投入与产出效率；扩大科研投资的外溢效应；推动产业升级和经济转型。

新建的国家级共性技术创新研究院主要由政府财政出资，可选取制造基础雄厚、研发实力突出的城市，成熟一个建立一个；2-3 年后政府资金投入不断减少，主要由研究机构、企业等来提供；5-7 年后应逐步实现自负盈亏。在运营模式上，每个共性技术创新研究院都应有很大的自主性，但其所作出的每一项决定，包括有关业务、会员、知识产权、资本投资、项目选择、资金分配等方面，应符合企业、科研机构和政府三方面利益。

国家级共性技术创新研究院试点的管理，按照公益二类事业单位执行，设在国资委管理的大型研究院所企业的试点机构，可采取资产分类管理、分类考核的“一企两制”或“一院（所）两制”模式，不再承担增值创收任务，不再用产值及利润来考核，而且要长期固定给予经费支持，鼓励他们安下心来，专门从事关键共性技术研究。

第三，建设行业共性技术创新基地

在产业集中度高的行业，要着力培训企业创新研究院。如航天、石化、电网、通信等，要充分发挥行业骨干企业的技术创新主体作用，进一步整合行业现有资源，加强外部合作，建立以行业骨干企业技术研发机构为主导的产业技术创新支撑系统，引领行业技术创新能力的快速提升，为培育竞争能力强的国际一流企业提供强有力的支撑。这类创新研究院要纳入国家工业技术创新体系，鼓励并支持其瞄准未来科技和产业竞争制高点，通过政产学研结合、产业创新联盟等形式整合行业或区域创新资源，承担国家任务，服务整个行业的发展。

在产业集中度不高的行业，既要鼓励和支持行业骨干企业建立技术研发机构，支撑企业核心关键技术研发，又要积极引导和利用外部研发力量，组建多元化的工业技术研发机构，为产业提供更为强大的技术支撑。这类创新研究院，可探索实行一院一策、一所一策，甚至“一院两制”模式运营，即母体部分采用企业制管理，新组建的产业研究院作回归公益，运行费用由其母体和国家共同负担。

第四，优化区域和中小企业集群技术创新平台

我国幅员辽阔，区域发展不平衡，所处经济发展阶段不同，产业转型升级的重点任务不同，产业技术创新的需求差异很大。各地政府要因地制宜，从区域产业集群分布状态和发展水平的实际出发，围绕地方产业结构调整和

优化升级的目标，盘活存量、优化重组，发挥科研院所、高校、各类技术中介服务机构和区域内骨干企业的作用，吸引区域外技术创新要素，构建充满活力、形式多样、面向中小企业区域工业技术创新体系。

创建区域级产业研究院。区域级产业研究院是引领带动区域制造业创新发展的新型科研组织，也是国家制造业创新体系的重要节点。可依托上海产业技术研究院、江苏省产业技术研究院等，率先在上海、江苏、广东等制造业基础雄厚、研发创新实力强的省市探索重组有关资源，构建一批产业研究院，承担突破产业共性技术问题、为区域产业创新提供关键设备、基础设施和“教学工厂”等功能。针对这类产业研究院，可探索实行课题来自市场需求、成果交由市场检验、绩效通过市场评估、经费分配由市场决定的运行机制。

构建面向中小企业的创新公共服务平台。拓展众智众包跨界融合，构建技术服务产业化及产业组织服务机制。引导科技、产业、金融等资源优化组合，建立多层次的专业化、社会化、网络化的创新中介服务平台，面向中小企业提供检验检测、技术评价、技术转移、技术交易、知识产权咨询评估、技术标准咨询、质量认证等服务。探索基于产业链和跨产业链的产业组织与系统创新的新型技术开发模式，鼓励支持各类创新主体，在网络化、数字化生态环境下，实现跨界联通，推动跨行业关键共性技术突破和创新成果产业化。

第五，加快先进制造业基础设施建设

数字化网络化智能化制造将深刻改变制造业的技术创新、能源消耗、生产组织、市场供给和产业治理模式，形成信息化条件下的产业生态体系，实现高效、优质、清洁、安全地制造产品、服务用户。发展数字化网络化智能化制造，必要加快推进先进制造基础设施建设和资源共性机制形成。

建设工业互联网基础。加快宽带网络演进升级，建设低成本、高效快捷和安全可靠的制造业宽带网络设施。建立信息物理系统网络，丰富工具和运用软件、传感和通信系统协议，实现人、制造设备与产品的实时连通、相互识别和有效交流。发展各种集成专业知识的企业数字化系统；发展面向服务的信息系统集成技术；发展基于物联网技术的智慧工厂；发展基于 Web 2.0

的大众协同建设技术；着力发展数字化技术支持全球协同设计和制造；应用服务提供（ASP）、计算机网络和云计算为指挥工厂提供高效、便捷的实现平台。

提高创新设计支撑基础。推广以绿色、智能、协同、和谐为特征的先进设计技术，支持开发自主知识产权的设计工具软件。鼓励创建一批专业化、开放型的工业设计中心、独立的设计公司和设计园区。共创共享国际创新设计成果和基础资源，建设若干具有世界影响力的创新设计集聚区及国际化创新设计专业网络平台。设立国家级创新设计奖项，激发社会创新设计的积极性。

持续推进企业技术改造。进一步加大对制造业技术改造的财政资金支持力度，支持企业的技术升级、关键环节的装备改造和创新能力建设。重点支持产品设计能力建设和设计工具更新；用智能制造设备及自动化物流设备改造生产过程。推广先进节能、节水、节材的技术、工艺和装备。加强安全生产监控预警系统、应急处理系统、危险品生产储运设备设施的升级换代。推行企业信息化改造，普及制造执行、资源计划、客户关系等管理信息系统的应用和综合集成。引导企业加大技术中心、工程实验室、重大试验设施和网络基础设施建设的投入。

加强标准体系和知识产权保护。制定国家技术标准战略，适应制造业创新发展和改造提升要求。制定工业总线、接口、物品编码、相关应用服务等工业互联网应用技术标准和规范。推动企业两化融合管理体系标准的推广普及。制定工业软件、工业控制系统等相关应用标准，制定统一的系统集成、测评测试规范；研究制定面向工业控制系统、工业互联网的信息与网络安全标准。坚持产品研发与标准制订同步进行，加快制订与实施高端装备、新能源、新材料、生物医药、新能源汽车产业的产品、技术与管理标准，形成自主知识产权标准体系，掌握标准制订的话语权。支持企业、科研院所、行业协会参与国际标准化组织，主导或实质性参与国际标准制订，促进中国标准的国际化。

四、加快我国工业技术创新体系建设的对策思考

组建国家重点产业创新发展战略委员会

发达国家利用雄厚的资本积累，技术积累和人才积累，在全球范围内已经建立产业竞争优势和市场竞争优势。来自发达国家产业和市场的竞争压力，以及产业技术更新速度不断加快，导致我国经常陷入“引进—落后—再引进—再落后”的技术发展陷阱，严重制约我国企业成长和产业发展，阻碍我国产业自主创新能力的提升。作为后发国家，政府需要加强产业创新发展战略谋划，但目前我国仍然存在“政出多门、九龙治水”的现象，中央各部委对同一产业的发展战略(目标、任务和实施阶段)缺乏统一的认识，对产业技术重大创新支持的持续性、针对性不强，缺乏形成产学研紧密合作机制的政策引导和保障。为此，需要加强顶层设计，在各产业的创新发展战略上加强谋划，建议在我国工业领域选择若干带动作用强的重点产业，逐个试点建立“国家产业创新战略发展委员会”。

国家产业创新战略发展委员会的主要职责是为国家产业技术创新提供科学咨询和建议，具体包括：第一，持续跟踪研究产业创新发展规律和特点，研究制定产业创新发展战略，研究提出国家产业共性技术研发重点方向、政策措施和重大建议，为国家产业技术创新的战略谋划与顶层设计提供咨询建议；第二，组织开展国家产业技术创新体系建设评估，为改进和完善国家产业共性技术创新支撑体系建设提供科学依据。

国家产业创新战略发展委员会成员由政府相关部门代表（发改委、教育部、科技部、工信部、财政部、农业部、卫生部、国资委等），专家代表（战略科学家、产业技术专家和产业政策专家），企业家代表共同组成，各占三分之一。除政府部门的委员代表采用派出方式产生外，其他委员代表可公开征募和选拔，实行任期责任制。同时，配备能力较强的办事机构。

设立国家产业共性技术创新基金

产业技术创新活动具有从科技领域延伸到经济领域的鲜明特点，涉及技术和学科领域的综合交叉问题，要求上下游技术和产业的衔接、配套，形成系统的技术创新链，也需要跨学科、跨领域、跨技术活动阶段的系统而持续的投入支持。我国目前涉及产业技术创新的投入分散，政府投入基本上是按部门、按领域、按阶段方式投入，与技术创新的规律不相适应。为保障国家重点产业技术发展战略的实施和产业技术创新政策的落实，避免重复立项、浪费资源，充分发挥社会主义集中力量办大事的制度优势，建议将分散在政府不同部门的产业共性技术创新资源统一起来、优化配置，设立“国家产业共性技术创新基金”，用于持续、稳定、集中地支持国家共性技术创新研究院及行业共性技术创新基地开展重大产业共性技术创新活动。

国家产业共性技术创新基金的用途，一是支持共性技术创新研究院日常运行，此部分费用通过政府购买服务的方式支付；二是支持重大共性技术研发的公益性项目，此部分费用通过项目竞争性招投标方式支付。基金要充分发挥作为政府财政投资的导向作用，给予上述重大产业技术创新活动稳定、持续和集中的支持。

国家共性技术创新基金的支持方向，基金资助方式，可采用项目投资、贷款贴息、风险补偿、后补助等方式相结合进行，要发挥财政投资的导向作用，以财政资金与市场融资相结合，建立多元化、多渠道、多层次的投融资机制，吸引地方政府、企业和社会资金参与，引导社会创新资源向国家产业战略方向集聚。

发挥国家科学技术思想的决策咨询作用

产业技术的预见、评价和筛选是开展产业技术创新的首要环节，也是政府及企业加强产业共性技术创新管理的重要工具。加强产业技术的战略选择和顶层设计，对于优化科技资源布局，集中有限资源支持共性技术研发，改变目前共性技术研发较为分散的局面，加快发展对国民经济发展和经济安全具有长期影响的国家战略技术，抢占国家科技与产业竞争的制高点，具有积极而深远的意义。在我国的科技管理实践中，尽管支持共性技术研发作为一项重要的科技政策通过不同层级的科技计划加以落实，然而在产业共性技术预见或者选择这一环节，也就是哪些技术应该优先支持，特别是在国家层面上如何确定未来优先发展的共性技术显得十分薄弱，从短期来看，严重影响和制约我国科技资源投入效率的提高，从长期来看，还会影响我国产业竞争力的提升以及产业发展长远战略路径选择。

由于产业技术研发，尤其是共性技术研发具有巨大的经济和社会效益，因此有必要在国家层面上开展共性技术遴选。在国家层面上，开展技术遴选可以与科技发展规划中的技术预见以及技术发展路线图的编制结合起来，在编制科技规划的同时遴选出对国家发展具有战略意义的共性技术，并将共性技术研发作为未来一段时期科技发展工作的重点列入科技发展规划。此项工作可以由“国家产业技术创新战略委员会”牵头组织实施，同时要充分发挥中国工程院、中国科学院学部等国家工程科学技术思想库的作用，加强国家产业共性技术的战略选择和顶层设计。

营造有利于产业技术创新的政策环境和市场环境

创新环境是包括科技政策和科技体制在内的各种制度和各项政策综合作用的结果。目前，我国的产业技术创新尚未摆脱政府主导的发展模式，市场在驱动企业技术创新中的基础作用尚未充分发挥出来。要真正激活企业作为技术创新主体的活力和动力，加快推进产业技术创新支撑系统建设，必须要继续深化经济和科技体制改革，重视发挥市场机制在高技术产业发展中的导向和优胜劣汰作用，凡是市场机制能够充分发挥作用的领域，政府要逐渐退出。要大胆突破科技体制的局限，加强部门协调配合，防止政策之间的相互抵消，把创新政策融入财政、金融、贸易、产业、教育等各个领域和环节，目标一致，形成合力。通过改革进一步完善制度环境，培育和发展创新要素，营造宽容失败的创新氛围，积极营造有利于产业技术创新的政策环境和市场环境。

第一，改进政府配置资源的方式，发挥财政科技投入“四两拨千斤”的作用，提高公共科技资源的配置效率。建立国家科技资源配置的科学决策程序和保障机制，提高产业界参与制订国家科技计划的程度。建立公共科技资源的统筹配置机制，加强创新链条上各环节政府投入的协调和衔接。支持和鼓励企业参与政府支持的共性技术研发项目立项工作，提高企业在共性技术研发方面的发言权，要在项目申报、课题研究和经费投入等各个环节都有企业直接参与。突出公共科技资源的社会效益，政府要重点支持市场机制不能有效解决的基础研究、公益性研究、重大关键共性技术研究，引导技术创新目标向产业关键核心技术聚集。改革科技计划和项目的管理方式，建立合理的绩效考评机制，减少科技经费浪费，提高项目经费的使用效率；鼓励中小型科技创新型企业的创新活动和创新投入。加强创新服务平台建设，特别要加强针对中小企业的创新服务；增加对成果转化环节和产业化示范项目的支持力度，建立行之有效的成果转移和扩散机制，完善和细化各级政府科技计划的成果转移管理办法，建立相应的考核和监督制度。

第二，强化以市场需求为导向的创新动力机制。要从根本上扭转政府依靠要素直接投入拉动经济增长的政策导向，切实落实鼓励企业创新的各项政策。积极创造有利于技术创新的、公平竞争的市场环境，逐步建立健全企业技术创新投融资机制，逐步发挥市场在技术创新资源配置中的基础性作用。要加快构建以政府投入为引导，以企业投资、市场融资、外资引进等多渠道社会投入为主体的多元科技投入体制，优化创新资源配置、促进产业共性技术创新效率提升。充分利用财政资金的引导和杠杆作用，促进科技与金融结合，创新科技金融服务、金融工具，鼓励和支持各类金融机构开展针对产业共性技术研究与开发，探索无偿资助、贷款贴息、后补助等方式，建立科技型中小企业信贷风险分担机制和创业投资风险补偿机制，加快产业共性技术的突破和科技成果的转化。

第三，加快国家知识产权战略实施步伐。加大知识产权保护的执法力度，完善知识产权服务体系；大力推进知识产权创造、防御及获取的战略谋划布局，引导和支持重点领域形成基础性专利，建立能够维护我国重点产业技术创新目标实现的专利池和知识产权支撑系统，进一步完善国内重大产业技术创新成果扩散转移机制。

第四，完善人才发展机制，推动创新文化建设。人才是创新的根本，文化是创新的基石。实现有效创新不仅需要科学家，还需要大批优秀的高技能人才和管理人才。完善相关政策、措施，激励、调动创新人才的积极性，形成尊重人才、用好人才的制度保障；既要建立专业技术人员的激励机制，也要保护具有创新精神的企业家；鼓励更多人才向企业集聚。要大力发展职业技术教育。促进高校与企业联合培养产业创新人才，联合制定人才培养计划，联合招生，共同建设课程体系和教学内容，共同实施培养过程，共同评价培养质量；鼓励高校与企业联合兴办高等职业学校，培养工程技术人员。

附件："工业技术创新体系建设及发展战略研究"项目组名单

组　长：干　勇

成　员：

朱高峰　胡文瑞　孙传尧　屠海令　李国杰
袁晴棠　王基铭　李新男　邵立勤　吕　薇
薛　澜　李　平　苏　竣　王振海　贯根良
莫　荣　梁　正　延建林

执笔人：干　勇　延建林

编 委 会

中国制造2025系列丛书出版工作委员会

跋

制造业是立国之本，兴国之器，强国之基。自从新中国成立尤其是改革开放以来，我国制造业持续快速发展，已经成为世界制造大国；但是，我国制造业大而不强，转型升级和跨越发展的任务紧迫而艰巨。当前，新一轮科技革命和产业变革与我国加快转变经济发展方式形成历史性交汇，中国制造站在了新的历史转折关头。

2015 年 5 月 8 日，国务院正式发布实施《中国制造 2025》。这是党中央、国务院总揽国际国内发展大势，站在增强我国综合国力、提升国际竞争力、保障国家安全的战略高度做出的重大战略部署，是我国实施制造强国战略的第一个十年的行动纲领。我们的目标是，通过今后三个十年的奋斗，把中国建设成为世界制造强国，为实现中华民族伟大复兴的中国梦打下坚实基础。

《中国制造 2025》的发布在国内外引起了巨大反响，国际经济界高度关注，国内工业界备感振奋，全国各地掀起了全面升级实体经济、大力发展制造业的热潮。

《中国制造 2025》的发布同时也引发了业界的战略研究和深入讨论。当前，特别需要加强思想上的沟通和交流，广泛地宣传《中国制造 2025》。为此，国家制造强国战略咨询委员会委托中国工程院战略咨询中心组织院士和专家撰写了《中国制造 2025》系列丛书。

《中国制造 2025》系列丛书共分为七卷，包括《〈中国制造 2025〉解读——省部级干部专题研讨班报告集》、《智能制造》、《优质制造》《绿色制造》、《服务型制造》、《工业强基》和《〈中国制造 2025〉重点领域技术创新绿皮书——技术路线图》。本丛书对《中国制造 2025》的战略定位、主要内容和工作部署进行了全面深入的阐释，以使制造业和社会各界人士更好地理解和贯彻《中国制造 2025》。

感谢院士和专家在百忙中为本丛书撰稿，感谢编写组全体成员的辛勤劳动，在较短的时间里，完成编辑和出版工作。

国家制造强国建设战略咨询委员会

2016 年 3 月

反侵权盗版声明

举报电话：（010）88254396；（010）88258888

传　　真：（010）88254397

E-mail:　　dbqq@phei.com.cn

通信地址：北京市万寿路173信箱

　　　　　电子工业出版社总编办公室

邮　　编：100036